Début d'une série de documents
en couleur

NOUVELLE BIBLIOTHÈQUE DES HAUTES ÉTUDES

ESSAI

SUR

L'Évolution de l'Idée

PAR

F. Ch. BARLET

> Tel est l'effet de la
> vie : elle flétrit les choses
> mortelles ; celles immor-
> telles s'y épanouissent
> toujours plus fraîches à
> chaque instant qui rap-
> proche de la tombe.
> BULWER LYTTON.

❦

PARIS
CHAMUEL ET Cⁱᵉ, ÉDITEURS
29, RUE DE TRÉVISE, 29
1891

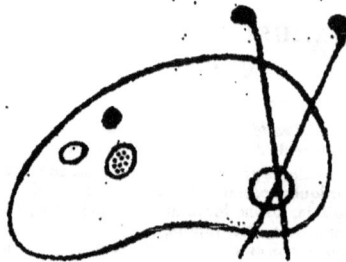

Fin d'une série de documents
en couleur

ESSAI

SUR

L'Évolution de l'Idée

ESSAI

SUR

L'Évolution de l'Idée

PAR

F. Ch. BARLET

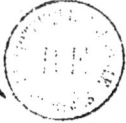

Tel est l'effet de la
vie : elle flétrit les choses
mortelles; celles immor-
telles s'y épanouissent
toujours plus fraîches à
chaque instant qui rap-
proche de la tombe.
BULWER LYTTON.

PARIS

CHAMUEL ET Cⁱᵉ, ÉDITEURS

29, RUE DE TRÉVISE, 29

1891

PRÉFACE

La conduite de l'homme individuel ou social se règle forcément sur quelques principes généraux, sur une doctrine, et cette doctrine varie avec l'âge. Quelle est la loi de cette variation ? Tel est le problème considéré dans cet essai.

Il ne s'y agit point de chercher le développement de l'intelligence raisonnable dans celui de l'espèce humaine en remontant jusqu'à ses origines. Quelle que soit la source de l'intelligence, en l'admettant comme un fait, on se propose d'observer et de coordonner les modifications des premiers principes qu'elle a fournis. C'est proprement l'histoire de la philosophie dont la clef est cherchée ici. Ce problème est trop récent encore pour que les efforts les plus humbles soient inutiles à sa solution.

Cet essai n'est du reste qu'une grossière esquisse où les détails analytiques ont dû presque toujours être sacrifiés. Son but est seulement de proposer à l'attention de plus dignes un point de vue nouveau sur cette difficile question.

∴

Au moment où il va paraître, sa conclusion reçoit une confirmation précieuse de la part d'un économiste bien connu des lecteurs de l'Initiation. M. J. Lejay vient de communiquer à l'auteur du présent Essai, qui l'ignorait complètement, sa Sociologie analogique à laquelle il met la dernière main. Les principes tirés ici de l'étude de la philosophie seule, ressortent là, exactement les mêmes, de la Politique philosophique et l'éclairent d'un jour tout nouveau.

PREMIÈRE PARTIE

LES FAITS

CHAPITRE PREMIER

Classification des systèmes philosophiques

SOMMAIRE : I. Clef de cette classification prise en dehors de tout système (les trois principes : métaphysique, intellectuel et physique). Divisions et subdivisions qui en résultent : Premier embranchement. — II. Distinction des ordres. — III. Distinction des classes. — IV. Distinction des genres. — V. Second embranchement. — VI. Les sceptiques hors cadre. — VII. Tableau synoptique.

I

Il est impossible d'apprécier sainement la marche de la Pensée humaine avant de posséder une classification aussi naturelle que possible des différentes formes qu'elle a pu affecter. Or une pareille classification est encore à faire.

La plupart de celles connues sont basées sur un certain système psychologique qui devrait entrer dans la classification au lieu de lui servir de clef ; ou bien elles s'attachent à certaines conclusions qu'elles jugent d'après des systèmes déjà préconçus (1), ou bien elles se règlent seulement sur les méthodes (empirique, rationnelle, mystique, etc.), tandis que les méthodes elles-mêmes constituent l'une des questions fondamentales de la philosophie ; ou enfin, mélangeant ces divers points de vue, elles arrivent à des rapprochements inadmissibles.

On est donc en droit de tenter un classement plus naturel, rassemblant toutes les considérations qui fournissent des bases artificielles, mais se fondant sur des faits avérés, universellement reconnus empruntés à la nature des choses, étrangers à toute hypothèse philosophique.

Or il est admis par toutes les écoles et de tous temps que l'esprit humain s'attache, soit pour les affirmer, soit pour les nier, soit pour les discuter, à trois objets qui lui apparaissent comme distincts en même temps qu'ils embrassent toutes les questions, savoir :

Dieu, l'Homme et la Nature, ou, pour parler plus généralement : l'Absolu, l'Intelligible et le Sensible, le métaphysique, le rationnel et le physique.

Il est un second fait non moins incontestable. C'est qu'un très grand nombre de philosophes, soit par instinct, soit par faiblesse, bornent leurs spéculations à quelque point de vue spécial ; celui-ci à la méthode,

---

(1) C'est ainsi qu'on juge Spinoza tantôt matérialiste, tantôt idéaliste ; Berkeley ou idéaliste ou sceptique ; Strauss athée ou mystique ; qu'on unit les diverses sortes d'athées, de fatalistes, de panthéistes, bien qu'ils puissent être complètement opposés.

cet autre à la cosmologie, tel autre encore à l'origine du savoir. D'autres, au contraire, s'efforcent d'embrasser dans leurs doctrines le plus grand nombre de principes. Il suffit de comparer, par exemple, le *criticisme* de Kant à l'*idéalisme transcendental* que Schelling en a déduit, pour s'assurer qu'il y a dans ce fait une source de distinctions profondes entre les systèmes.

Enfin on peut remarquer encore que les philosophes de toute école fondent leur doctrine sur quelque postulatum, sur un article de foi véritable qui leur sert de base fondamentale. Ce fait paraît moins avéré que les deux autres par la raison qu'on a moins d'occasions de le remarquer, mais l'attention en peut faire ressortir l'évidence. En effet la doctrine qui semble échapper le plus à l'empirisme, le positivisme n'existe que par le principe posé *a priori* que la métaphysique est inaccessible à l'esprit humain ; il n'y a de Baconiens qu'en vertu du *postulatum* que l'expérience et l'observation peuvent seules fournir la certitude ; les psychologues admettent les révélations du sens intime, et en dehors de l'expérience ou de l'observation extérieure ou intérieure, tous les systèmes partent d'un principe *a priori.*

Ces trois faits peuvent fournir les éléments d'une classification :

Le plus simple et le plus compréhensif, celui de la spécialisation des études, donnera les divisions fondamentales :

1° Des philosophies spéciales,

2° Des philosophies générales ou synthétiques.

II. — DISTINCTION DÈS ORDRES

Les subdivisions des premières sont empruntées au fait de la division des études philosophiques en trois sortes. Parmi les spécialistes, on trouvera en effet :

1º Ceux qui préfèrent la considération des choses, des êtres, ou plus généralement de l'*Être* (étude correspondant au principe réel, physique) ; les matérialistes, les positivistes, les dynamistes, les cosmologistes, les évhéméristes, etc. ;

2º Ceux qui s'attachent à l'étude du métaphysique, de l'Idée, que nous appellerons avec Wronsky, le *Savoir*, opposé à l'Être ;

3º Ceux enfin qui considèrent le rapport du Savoir à l'Être, ou les *Lois* ; tels sont les religieux, les moralistes, les économistes.

Notre première division se partagera en trois ordres :

Philosophie du Savoir (subjective).

Philosophie de l'Être (objective ou de l'existence)(1).

Philosophie de rapports ou de lois (instinctive) qu'on pourrait aussi nommer Sagesse.

III. — DISTINCTION DES CLASSES

Les classes de ces ordres sont fournies par la même distinction ternaire :

---

(1) On remarquera que cette division n'est fondée sur aucune hypothèse ; on a constaté seulement ce fait que parmi les philosophes, les uns s'occupent de ce qu'ils considèrent comme métaphysique, subjectif ; les autres de ce qu'ils regardent comme objectif, réel ; et cela, que ce soit pour nier aussi bien que pour affirmer ou discuter.

En effet,

Le Savoir peut être étudié : ou en soi-même, d'une façon *absolue*, ce qui correspond au problème de l'*Origine du savoir*;

Ou, au point de vue intellectuel, dans le Sujet qui connaît, ce qui correspond au *Mode du savoir*, c'est-à-dire à la *méthode*;

Ou enfin au point de vue de la *manifestation réelle du savoir*, c'est-à-dire l'*Objet du savoir*.

Ces distinctions se reproduisent dans l'ordre de l'Être: nous y apercevons de même comme matière des spéculations philosophiques :

1° La manifestation divine de l'Être, qui est aussi son origine, le *Métaphysique*, ou l'Être absolu;

2° Sa manifestation intelligible que nous connaissons par l'être humain ou l'Être en tant qu'*Intelligence* ;

3° Sa manifestation sensible, l'*Être physique*.

Enfin dans l'ordre des Lois, ou rapports du Savoir à l'Être, on trouvera :

La loi *divine*, la religion, la révélation ;

La loi *intelligible*, la morale ;

Et la loi *sensible*, loi de satisfaction des besoins, économique, politique, sociale.

IV. — DISTINCTION DES GENRES

Les genres de ces classes seront encore fournis par la même distinction ternaire, mais en y ajoutant le fait universel que chaque philosophe part d'un principe à priori. Cette subdivision, en d'autres termes, est basée sur la remarque que chacun des éléments de notre distinction ternaire (l'absolu, l'intelligible et le sensible) au lieu de se confiner à la sphère qui lui est propre, pénètre pour ainsi dire les deux autres.

Ainsi la philosophie du Savoir absolu (ou d'origine du savoir) pourra se fonder :

Ou sur l'absolu métaphysique (comme pour Malebranche) ;

Ou sur l'absolu intelligible (comme pour Kant) ;

Ou sur l'absolu physique (comme pour les sensualistes).

Nous nommerons ces trois genres : l'*Idéalisme*, le *Noologisme* et le *Sensualisme*.

La philosophie de méthode variera selon qu'elle placera la connaissance :

Ou dans l'absolu seul (comme les mystiques) ;

Ou dans l'intellect (comme Descartes et son école) ;

Ou dans la sensibilité (comme Bacon et ses disciples).

Nous aurons donc pour genres de la méthode, la *mystique*, la *scientifique* et l'*expérimentale*.

La philosophie d'objet du savoir posera son principe, c'est-à-dire verra la manifestation du savoir exclusivement :

Ou dans l'Absolu (comme Jacobi) ;

Ou dans l'Intelligence (comme l'École Écossaise) ;

Ou dans le Cosmos (comme Hobbes, Hume).

D'où les genres *réalistes*, *psychologues* et *naturalistes* ou *nominalistes*.

Dans l'ordre de la philosophie de l'Être ;

1° Parmi ceux qui n'attribuent de réalité qu'au

principe métaphysique, les uns le placent dans le monde divin, d'où il régit les deux autres; c'est l'âme absolue, toute-puissante, intelligente et providentielle, le Dieu des *Théistes*;

· Pour d'autres, ce principe est dans le monde intelligible, il devient alors le Dieu purement rationnel des *Déistes*. '

Pour d'autres enfin, le principe métaphysique est dans le monde sensible, c'est l'Être sensible absolu, la Substance; nous nommerons ceux-ci *Substantialistes*.

2° Parmi les philosophes qui n'admettent de réalité que dans l'intelligence, les uns la placeront dans le monde métaphysique manifesté pour nous dans la *raison* humaine; nous les appellerons *Optimistes* (1).

D'autres mettent ce principe du monde intellectuel dans l'élément humain lui-même; ce sont les *Anthropolâtres* ou *Évhéméristes*.

D'autres encore placent ce même principe dans le monde sensible, dans les propriétés inhérentes à la matière; ce sont les *Déterministes* (2).

3° Pour ce qui est des philosophes qui n'admettent de certitude que dans le monde physique, les uns

(1) Cette dénomination est tirée d'une conséquence seulement de ce système, non directement du principe, afin d'éviter la confusion que produirait le terme de *rationalistes* employé ordinairement dans un tout autre sens. L'optimisme a d'ailleurs l'avantage de rappeler le nom de Leibniz qui appartient à ce type.

(2) Il est utile de s'arrêter ici à une remarque sans laquelle cette classification semblerait confuse par suite de doubles emplois, par exemple entre la classe *Objet du savoir* et toutes celles de l'*Être*, le genre naturalisme notamment et le matérialisme.

Le philosophe qui se consacre à l'objet du savoir y cherche

veulent que le principe physique soit en dehors de la matière et de l'intelligence : ils le mettent dans la force; ce sont les *Dynamistes*.

D'autres le placent dans le monde intelligible, dans la règle qui régit les mouvements, non plus dans la source de ces mouvements; on peut les nommer des *Normalistes*.

Les troisièmes enfin ne reconnaissent que le principe sensible; ce sont les *Matérialistes*.

Dans l'ordre de la philosophie des rapports, nous distinguerons encore aisément :

1° Parmi les métaphysiciens ou religieux : la religion révélée, la religion naturelle et la religion superstitieuse, formaliste;

2° Parmi les moralistes : la morale religieuse, la morale indépendante et la morale évolutioniste;

3° Parmi les philosophes de la loi sensible : les politiciens, les économistes orthodoxes et les socialistes.

V. — SECOND EMBRANCHEMENT

Le second des deux embranchements que nous avons distingués ne se prête pas à des divisions aussi

la clef de la certitude, le vrai en soi-même; celui qui se consacre à une *classe* de l'Être, cherche la clef de l'Univers, du Cosmos réel. Ce qu'affirme, par exemple, un psychologue (de la classe 14°), est que l'étude de l'entendement humain est le seul chemin vers la certitude, tandis qu'un déiste (de la classe 5°) dit que le principe du Cosmos est dans ce qui se manifeste chez l'homme sous forme de raison. Ce sont bien là deux ordres d'idées différents; ils ont bien un élément commun, le principe intelligible, mais cet élément entre dans leur constitution en proportions telles que pour l'un (la psychologie) il fixe le genre seul; pour l'autre, la classe en même temps. Et ainsi des autres.

nombreuses ; ici l'unité domine ; elle est l'objectif commun ; les classes seront fournies seulement par la considération des procédés employés pour réaliser cette unité, ou par celle du *degré de perfection* qui y est atteint. On va voir que ces distinctions correspondent en effet à des caractères bien tranchés.

Il est des philosophes qui, ne pouvant réussir à atteindre des Principes assez universels pour embrasser l'ensemble de leurs connaissances dans une synthèse véritable, se bornent à les rassembler d'après une méthode plus ou moins artificielle. C'est ce qui constitue le *Syncrétisme* et l'*Encyclopédisme*.

Les autres construisent bien la synthèse, quelques-uns cependant ne la font pas encore complètement universelle ; leur faiblesse est de la rapporter à une unité de second ordre, particulière par conséquent, à savoir à l'un de nos trois Principes fondamentaux devant lequel ils pensent que les deux autres disparaissent ; ce sont les *Panthéistes*.

L'*Ésotérisme* seul constitue la synthèse complète.

Ces trois classes principales se subdivisent comme les précédentes en genres correspondant aux trois Principes : l'absolu, l'intelligible et le relatif.

1º Ainsi, parmi les syncrétistes, les uns empruntent la clef de leur méthode au principe spirituel, comme l'a fait Wolf et mieux encore saint Thomas qui, grâce à son maître, se rapproche bien autrement de l'ésotérisme. Nous nommerons ceux-là les *Thomistes*.

Les autres fondent leur système sur les facultés intellectuelles ; tel est l'*Éclectisme* qui se base sur le sens commun.

Enfin d'autres, se bornant à l'observation, en rassemblent les éléments sous une forme méthodique quelconque, et le plus volontiers sous la forme dictionnarique qui est la preuve la plus claire d'impuissance à établir une synthèse; c'est ce qui constitue l'*Encyclopédisme*; il y reste tout au plus, pour représenter l'Unité, un esprit inspirateur plus ou moins confus qu'on laisse au lecteur le soin de découvrir.

2° Le *panthéisme* est fort nettement partagé d'après les mêmes distinctions en *idéaliste*, *spiritualiste* ou *matérialiste*.

3° Les ésotériques eux-mêmes peuvent être répartis en trois genres d'après les mêmes considérations, mais avec cette remarque essentielle qu'il ne s'agit là que de nuances; les distinctions signifient seulement que les philosophes se sont voués plus particulièrement à une partie de l'ésotérisme, non qu'ils diffèrent par le fonds de la Doctrine, laquelle reste commune sous ces trois formes.

Il y aura donc des ésotéristes plus spécialement occupés de ce qui regarde le monde divin (théosophes, cabbalistes, mystiques, etc.); d'autres voués plutôt au monde intellectuel ou aux pratiques relatives à l'homme; d'autres aux théories et aux pratiques qui se rapportent à la nature (alchimie, théurgie, etc.).

Mais ces nuances n'atteignent pas la doctrine elle-même.

VI. — LES SCEPTIQUES

Il ne reste plus qu'une sorte de philosophes qui n'aient pas trouvé leur place dans ce cadre, ce sont les *sceptiques* ; mais on voit assez qu'ils doivent être hors cadre puisqu'ils arrivent à nier ou au moins à mettre en doute toute philosophie dans son ensemble comme dans ses détails. Ils correspondent d'une certaine manière aux synthétistes, car ceux-ci représentent l'affirmation unique et totale, tandis que ceux-là, à l'inverse, correspondent à la totale négation. Ces deux embranchements se montrent ainsi inverses l'un de l'autre.

A cause de ce caractère négatif des sceptiques, nous les rapprochons des *ignorants* dont ils ne diffèrent que par l'état de conscience, et nous les plaçons tous deux dans une division spéciale, celle de l'extérioration complète ou de la négation de l'Être et du Savoir.

Le tableau ci-contre permettra de saisir aisément d'un coup d'œil ces distinctions assez nombreuses qu'il a fallu suivre avec quelques détails.

CLASSEMENT DES DOCTRINES PHILOSOPHIQUES

ORDRES	CLASSES	GENRES		
		L'ABSOLU (Spiritualisme)	L'INTELLIGIBLE (Logisme)	LE CONDITIONNEL OU RELATIF (Naturalisme)
I. *Savoir* (l'Être en puissance)	*En Soi-Même* (Origine du savoir)	1 *Idéalisme* (Malebranche)	2 *Noologisme* (Kant)	3 *Sensualisme* (Locke, Condillac)
	Dans le Sujet (Méthode du savoir)	7 *Mysticisme* (Synthèse idéale) (Lavater)	8 *Scientisme* (Descartes)	9 *Expérimentalisme* (Synthèse sensible) (Bacon)
	Dans l'Objet (Matière du savoir)	13 *Réalisme* (Des Universaux) (Jacobi)	14 *Psychologisme* (Dugald-Stewart)	15 *Naturalisme* (Nominalisme) (Hume)
II. *Existence* (l'Être en acte)	*En Soi* (Métaphysique Ontologie)	4 *Théisme* (Malebranche)	5 *Déisme* (Descartes)	6 *Substantialisme* (ou hylozoïsme) (Stoïciens, Cardan, Robin)
	Dans l'Intelligible (Psychologie Noumènes)	10 *Optimisme* (ou Rationalisme) (Leibniz)	11 *Evhémérisme* (Comte, Proudhon)	12 *Déterminisme* (le hasard organisateur) (Littré)
	Dans le Sensible (Cosmologie phénomènes)	16 *Dynamisme* (Spencer)	17 *Normalisme* (Négation du hasard) (Volney)	18 *Matérialisme* (le hasard sans organisation) (d'Holbach, Büchner)
III. *Sagesse* (l'Humanité morale ou conduite à l'unité, la Vertu de l'âme)	*Métaphysique* 19 (Religieuse)	*Révélation* (Bossuet, Pascal)	*Religion naturelle* (Rousseau)	*Religion Formelle* (les Jésuites)
	Intelligible 20 (Morale)	*Morale religieuse*	*Morale indépendante*	*Morale utilitaire*
	Sensible 21 (Pratique et sentimentale)	*Politiques* (Aristocratie Noblesse) (Machiavel)	*Economistes Orth* (Oligarchie-Bourgeoisie) (Adam Smith)	*Socialistes* démocratie - peuple (Proudhon)
Concentration dans l'unité de l'Être +0 — Par Combinaison (Synthèse)	*Par Juxtaposition* (Encyclopédisme et Syncrétisme)	*Thomisme* ou sommes spiritualistes (St-Thomas, Wolf)	*Eclectisme* (Leibniz, Cousin)	*Encyclopédisme* (sommes naturalistes) (Diderot, etc.)
	Imparfaite (Combinaison partielle)	*Panthéisme idéaliste* (Spinoza)	*Panthéisme du Moi* (Fichte, Hegel)	*Panthéisme Matér* (le Bouddhisme du Sud)
	Parfaite ou Esotérique (Combinaison complète)	*Théosophes, Cabbalistes, Rose-Croix,* etc.	*Apôtres et Thérapeutes*	*Alchimistes, Magiciens*

Extérioration complète ou négation de l'Être — 0 { Raisonnée : *Pyrrhonisme.* / Irraisonnée : *Ignorance.*

CHAPITRE II

Histoire de la Philosophie
chez les principales nations modernes.

SOMMAIRE : I. Elle se partage partout en trois périodes espacées, correspondant aux trois principes de la classification pris dans leur ordre descendant.
Les systèmes se suivent dans un ordre constant, nuancés par le caractère national.
Preuve par l'étude chronologique : II. De la philosophie allemande. — III. De la philosophie française. — IV. De la philosophie anglaise.

I

Les observations auxquelles on va demander les lois qui règlent la marche des idées peuvent se limiter d'abord à la période généralement admise pour la philosophie moderne qui commence avec le xvii⁰ siècle, et en même temps aux trois nations principales de l'Europe, la France, l'Angleterre et l'Allemagne. En dehors d'autres considérations qui apparaîtront par la suite, on peut compter dans ces limites sur une moisson de faits bien assez riche pour fonder une théorie plausible, sauf à la soumettre ensuite au contrôle des autres temps.

L'histoire de la philosophie française pendant cette période nous offre trois époques parfaitement caractérisées tant par les principes qui les dominent que par les intervalles neutres qui les séparent; ce sont : l'époque de la philosophie cartésienne, qui s'étend de 1646 à 1700 environ; celle des encyclopédistes qui commence à Condillac, pour atteindre à son apogée lors de notre révolution, de 1740 à 1793; puis la superbe effervescence de 1830 qui débute par Royer-Collard, Jouffroy, Maine de Biran, vers 1817, pour aboutir en 1850 au triomphe de l'école positiviste.

Ces trois périodes se résument en trois noms caractéristiques :

Descartes, Condillac, Comte (1).

Si nous examinons à quel. genre ils appartiennent d'après la classification du chapitre précédent, voici ce que nous trouvons :

Tous trois sont philosophes de l'ordre du Savoir, du moins en acceptant le caractère de Comte tel qu'on l'admet universellement, tel par conséquent qu'il a influencé la marche de la pensée, c'est-à-dire comme

(1) On a cru ne devoir prendre pour caractéristique de cette troisième époque (qui, comme pour démentir la loi de succession de Cousin, offre tous les systèmes à la fois), ni l'éclectisme qui ne fut qu'un retour brillant mais éphémère à Descartes et à Leibniz, ni la psychologie écossaise introduite par Maine de Biran, ni le catholicisme libéral de Lamennais, Lacordaire et Buchez, ni l'indécision voltairienne de Benjamin Constant; l'école qui a eu la véritable puissance, dans le présent comme dans l'avenir, dans la philosophie comme dans la vie pratique, a été celle de Comte, disciple de Saint-Simon.

le promoteur de la méthode positive, bien que ce ne soit point là son caractère fondamental (1).

Quant à leurs genres, Descartes est principalement philosophe de méthode (méthode scientifique, observation et raison combinées).

Comte, qui par le positivisme entend exclure du savoir humain non seulement la métaphysique, mais jusqu'à la psychologie et la perception interne, Comte est un naturaliste (du genre 3, numéro 15 du tableau).

Condillac appartient à la 1re classe, celle de l'origine de nos idées, et, en attribuant cette origine à la sensation seule, il se place dans le troisième genre aussi, celui des sensualistes. En vrai positiviste, il nie la possibilité de connaître ni l'infini, ni l'être, ni même le moi (ce qui lui donne de fortes affinités avec Comte) ; mais, par sa méthode métaphysique, il se rattache beaucoup plus à Descartes qu'à Bacon. Maître de Hume, précurseur de Rousseau autant que de Comte, son système eut une influence considérable ; il constitue une sorte de transition entre le cartésianisme du xviie siècle et le baconisme du xixe.

Un caractère commun à ces trois chefs d'école est à noter soigneusement, c'est leur foi en la suprématie de l'Homme. Le propre de Descartes est de tirer toute connaissance de l'esprit humain ; Comte s'est vrai-

(1) Spencer, dans quelques pages qui sont un modèle de jugement et de classement d'une doctrine, a parfaitement démontré que ce qui appartient à Comte, c'est la religion de l'humanité et la théorie des quatre états, non pas du tout le positivisme qui remonte bien plus haut.

V. *Revue Scientifique*. Comment je me suis séparé de Comte... etc.

ment distingué par le culte de l'humanité, comme son maître Saint-Simon ; et si Condillac ne s'est point attaché à cette conséquence de ses principes, il n'y a pas d'époque qui l'ait proclamée davantage que celle qu'il a inspirée avec Descartes, l'ère des *droits de l'homme*.

En Allemagne, nous apercevons d'abord l'époque que Spinosa remplit avec Leibniz: celui-là avec beaucoup moins de succès tout d'abord, et non sans scandale même, mais avec l'avenir pour lui ; celui-ci avec beaucoup plus d'éclat, mais avec bien moins de netteté, de durée et d'étendue. Ce temps va de 1670 à 1720 environ ; il est suivi immédiatement de l'engouement de l'Allemagne pour les encyclopédistes français.

Vient ensuite l'époque unique dans l'histoire de la philosophie qui, par une admirable suite d'études des plus approfondies, conduit la pensée humaine de Kant à Hegel par Schelling, de 1780 à 1820 environ.

Après quoi nous trouvons, en 1845, le mouvement naturaliste, commencé par Feuerbach, continué par Büchner, Moleschott, et qui, aujourd'hui encore, dénature le pessimisme de Schopenhauer longtemps laissé dans l'ombre.

Voyons les genres de philosophie correspondant à ces périodes :

Spinosa, philosophe hébraïsant, disciple de Maïmonide et d'Averrhoès, est un synthétiste puissant ; les trois grandes questions de la philosophie ont pour lui une égale valeur, et il donne à leur solution un

cachet d'unité rare en toutes les écoles ; aussi l'a-t-on
méconnu toutes les fois qu'on l'a considéré sous un
point de vue spécial.

Pour l'origine de nos connaissances, il sait faire la
juste part du sensualisme, du noologisme et de l'idéalisme, sans exclure l'un pour l'autre ;

En ce qui concerne l'Existence, il en proclame l'aspect trinitaire : principes, noumènes et phénomènes.

Sa morale, beaucoup trop méconnue, au lieu d'être
le brutal fatalisme qu'on s'étonne de lui voir attribuer trop souvent, prescrit l'assentiment à la volonté
suprême, ce qui est la solution la plus élevée et la
plus féconde aussi de la terrible question du libre
arbitre.

En traitant ainsi, dans les trois ordres, sous leur
triple aspect, les seuls points de vue métaphysiques,
il assure la solution de tous les autres. Il offrirait
donc le caractère complet de l'ésotérisme sans cette
faiblesse, qu'il tient de Descartes et qui s'exagérera
chez Hegel, de vouloir tirer de la seule intelligence
humaine, à l'exclusion de l'expérimentalisme, cette
synthèse grandiose qu'il avait pourtant puisée dans
les traditions bibliques. Ce défaut de méthode le
classe parmi les synthétiques imparfaits, comme panthéiste spiritualiste.

Kant procède exclusivement de Descartes et de
Locke : c'est un philosophe du savoir en soi (classe 1re),
noologiste (2e genre) parce qu'il limite toute connaissance à l'esprit humain, à la subjectivité pure.

Pour les matérialistes, leur caractère n'exige aucun
développement.

En laissant de côté pour le moment Schopenhauer, généralement mal compris, ainsi qu'Hartmann qui a répandu et développé le *monisme*, nous trouvons aux trois chefs principaux de l'École allemande le même caractère commun qu'à ceux de France, à savoir la prépondérance de l'intelligence humaine, soit qu'ils fondent sur elle toute la métaphysique, soit qu'ils y renferment toute la connaissance, soit qu'ils bornent toutes leurs espérances à elle seule.

.·.

En Angleterre, trois époques s'accusent encore avec la même netteté.

1° Bacon, de qui l'influence restera longtemps cachée, bien qu'immédiate et considérable ; elle se confine dans la Société Royale de Londres, et se fait éclatante avec Newton et sa philosophie naturelle ; — première époque, de 1620 à 1700 environ ;

2° Philosophie de Locke suivie de celle écossaise, qui en est comme la spiritualisation, de 1690 à 1750 ;

3° Enfin de 1830 à 1850, l'école des deux Mill père et fils, l'associationnisme.

Tous trois encore sont des philosophes de savoir (ordre 1ᵉʳ) : Bacon caractérise l'*expérimentalisme* (classe 9) ; Locke se place avec la même netteté dans le sensualisme (classe 3). Quant à Mill, c'est aussi un philosophe de méthode, et spécialement de méthode expérimentale comme Bacon, mais avec des nuances essentielles qu'il importe de noter. Contrairement au positiviste Comte, il admet l'observation interne ; en outre, à la méthode baconienne, il ajoute les magnifiques développements de sa théorie de l'induction qui le rapproche de Descartes. Pour spécifier complètement sa place, il faudrait donc se les figurer dans la première subdivision du genre expérimentalisme, celle qui est tout proche de la méthode scientifique. Sa théorie de l'association lui assigne une place analogue parmi les psychologues, dans la subdivision toute voisine des naturalistes.

Ici encore l'élément humain domine clairement.

Pénétrons davantage dans les détails :

De ces trois nations, c'est l'Allemagne qui offre la série la plus nette et la plus simple. Le synthétiste Spinosa lance d'abord sa majestueuse doctrine, inspirée en fait par l'ésotérisme de Bœhm (1620). Le spinosisme ne sera point le directeur de la philosophie allemande, mais il aura fait jaillir un flot de chaude lumière qui doit se diffuser, comme un principe vivifiant, dans les autres écoles.

C'est Kant, philosophe noologiste, qui va prendre la tête du mouvement; Kant qui, de même que Bacon, de même que Descartes, de même que Locke, desquels il procède directement, se réclame franchement du principe intelligible. Leibniz l'a précédé, mais l'œuvre sonore de cet encyclopédiste ambitieux n'a eu ni influence durable, ni conséquence profonde. La raison en était que Leibniz n'avait saisi ni l'essence de la doctrine cartésienne qui était réellement dans la philosophie du Savoir, non dans celle de l'Être, ni surtout la synthèse de Spinosa, dont il mutile la Trinité pour la rabaisser à l'unité secondaire de la monade et résoudre ainsi le dualisme de Descartes. A travers beaucoup d'obscurités ou de contradictions, il réduit Dieu à la Substance qu'il fait active et intelligente; il prend ainsi la tête d'une Trinité de second ordre pour le sommet dont elle n'est que le reflet (1). Ces erreurs s'expliquent quand on se rappelle que Leibniz avait reçu de l'initié Mercure Van Helmont quelques notions d'ésotérisme, suffisantes pour lui faire entrevoir la grandeur de cette synthèse, mais trop imparfaites pour lui donner la force de l'embrasser. C'est de là que lui est venue la théorie de la *monade*, mais à défaut de la clef trinitaire, cette donnée n'a pu le conduire qu'aux bizarreries de l'harmonie préétablie.

Leibniz (1719) est le synthétiste incomplet, inintelligible, impuissant, dont l'exemple est bien utile à méditer.

Tout autre était l'envergure de Kant (1781), qui, tout en se limitant au domaine où il se sentait maître, avait beaucoup mieux compris Spinosa. On retrouve partout chez lui la formule unitaire que Schelling et Hegel feront ressortir. Toutefois, comme il procède directement de Locke et de Descartes, il est spécialement attaché au principe intelligible, intermédiaire; aussi, quand il arrive au terme de son admirable analyse, il se trouve partout en face du dualisme qui est le propre de ce principe; sa conclusion est que toute

(1) La monade devant être représentée par le nombre 4, quand l'absolu l'est par le nombre 1. Leibniz ne s'arrête même pas à ce premier reflet; en donnant l'intelligence pour moteur à la monade, il descend jusqu'au principe représenté par le nombre 10 : aussi se range-t-il dans notre genre 10, classé par Cousin lui-même qui le proclame rationaliste.

question fondamentale de la philosophie conduit nécessairement la *raison pure* à l'antinomie. Il est vrai
qu'au bord de cet abîme où toute règle s'efface, effrayé,
il s'élance par un retour désespéré vers les hauteurs
de la métaphysique pour y retrouver avec l'instinct .
moral la révélation directe de la Divinité; mais ce
n'était plus là qu'une intuition assez vague qu'on n'a
pas manqué de lui reprocher; il appartenait à Fichte
et à Schelling de la développer par des considérations
toutes nouvelles dues à l'inspiration de Spinosa, celles
de la *subjectivité*.

Oui, diront-ils, la connaissance est purement subjective, l'origine des idées est dans le *Moi*. Mais qu'est-
ce que le Moi? l'opposé du *Non-Moi*, sans lequel il
ne serait que néant. — C'est par cette observation que
Fichte (1795) passe de l'étude du Savoir, où Kant était
resté, à celle de l'Être considéré à la lumière de cette
analyse nouvelle. Pour lui, le Moi se limite par le
Non-Moi : cette faculté de se limiter suppose qu'en
soi-même il est sans limite, infini ; on trouve donc
en lui la synthèse de ces deux formes de l'Être,
c'est-à-dire qu'au-dessus du moi limité, divisé, individuel, se trouve le Moi absolu qui enveloppe toute
la nature.

La connaissance de ce Moi absolu, voilà l'objet de
la science ; la méthode de Descartes n'y peut plus suffire, car elle n'étudie que la pensée abstraite alors que
la *pensée naturelle*, plus étendue, comprend en outre
le sentiment. Cependant ces conséquences ne sont
qu'indiquées par Fichte; il ne développe ni la méthode ésotérique, qui attend encore son Descartes, ni

cette recherche du Moi absolu, synthèse une du monde dualistique et multiforme.

Ce dernier problème, Schelling (1800) l'aborde après Kant avec une ampleur qu'aucun autre philosophe n'a surpassée. Sans souci pour la réputation de son système s'il ne le voit conforme à la vérité, il va le modifiant sans cesse, fatiguant par ses variations la critique ignorante qui ne peut le suivre dans les spirales de son vol toujours plus large, parcourant l'un après l'autre les cieux et la terre pour les embrasser dans leur unité. Sa méthode est celle de Fichte et de l'ésotérisme : l'intuition active contrôlée par l'intelligence passive.

Pour ce qui est de l'Être, objet principal de sa philosophie, il élève son disciple jusqu'au Moi suprême, absolu, un, qui réunit toutes les antinomies; il montre cette unité se dualisant par la conscience pour se manifester d'une part en principe actif, idéal, la pensée; d'autre part, en principe passif, le monde sensible dont la loi fondamentale est le Nombre. Il fait voir en chaque individualité cette Unité de la forme et de la substance, qui avait échappé à l'école de Descartes; enfin, dans l'homme, il montre le point intermédiaire entre le Concret et l'Absolu. Ses dernières années et ses dernières forces sont consacrées à l'essai d'une application de ces majestueux principes à la vie sociale et individuelle.

Nous voilà bien près de Spinosa, de l'ésotérisme, de la synthèse universelle, objectif idéal de toute philosophie. Comment donc l'esprit humain va-t-il retomber en quelques années de ces hauteurs dans les ténèbres contradictoires du sensualisme et l'indéfinie multiplicité de l'analyse ? C'est que Schelling avait encore ce défaut capital que Hegel (1812), occupé à peu près en même temps des mêmes efforts, doit exagérer comme pour accélérer la chute. Ce défaut est un reste d'exclusivisme, un lien qui enchaîne si fortement l'homme au principe intelligible qu'il ne peut s'en détacher qu'au prix d'efforts presque surhumains, à moins d'une discipline totale, physique, intellectuelle et morale qu'on ne connaît que dans l'initiation ésotérique. Schelling a nommé lui-même sa doctrine l'*Idéalisme* transcendental ou *philosophie de l'Identité*, parce qu'il identifie la pensée humaine, l'idée, à Dieu ou l'absolu. C'est égaler le Verbe, ou Fils, au Père; question des plus graves, soulevée dès le début du christianisme, et qui a commencé les admirables débats de ses premiers siècles.

Hegel affirme plus franchement encore cette identité ou, pour mieux dire, il la suppose; c'est sur elle qu'il base toute sa philosophie. Abandonnant la méthode ésotérique de Spinosa, de Fichte, de Schelling, propre au principe métaphysique, il redescend vers celle de Kant et de Descartes qui se réclame du principe intellectuel. Son premier soin est de développer la dialectique, méthode bâtarde, qui retient plutôt les défauts que les qualités de ses parentes. De l'Idée, identifiée à l'Absolu, il redescend à travers la métaphysique, la logique et la physique même, par une série de déductions trinitaires, tantôt brillantes de génie, tantôt étonnantes de profondeur, et plus souvent encore d'une témérité qui fait reculer la conviction.

2.

Il espérait ainsi mettre immédiatement l'Absolu à
la portée de l'intelligence humaine sans avoir à la
délivrer de ses liens terrestres, erreur fatale qui le fait
retomber lui-même, et avec lui tout son peuple élevé
si haut ! Si le Verbe, chez l'homme, est assez puissant
déjà pour reprendre conscience de son infinie grandeur, l'inertie du principe passif le paralyse encore trop
pour qu'il lui soit possible d'en résoudre par lui seul
ou immédiatement la multiplicité en unité ; il n'y arrive que petit à petit, par une série d'efforts constants,
par le progrès dont il est l'âme.

Lors donc qu'on identifie à l'Absolu non seulement
le Verbe, mais surtout l'état humain du Verbe, l'Idée
empruntée à l'intelligence de l'homme, on assigne à
l'Absolu lui-même le caractère progressif ; Dieu est
un devenir et un devenir indéfini ; c'est la conclusion
d'Hegel. Elle revient à dire que Dieu n'existe pas encore, et à le subordonner à l'homme. Le successeur
désigné d'Hegel ne sera donc pas un ésotérique ; il ne
se rattachera même pas au principe humain, puisque
Kant en a fait une pure illusion subjective qui ne peut
plus être rachetée par l'impératif catégorique ; la car-
rière est libre pour Feuerbach (1840), Büchner (1855),
Hœckel (1873), en un mot le développement du principe passif. *Krause* (1830) aurait peut-être arrêté l'intelligence humaine sur cette pente en l'affranchissant
le premier des chaînes du Moi pour la relever vers les
hauteurs de la synthèse complète ; mais, comme s'il
eût fallu, de par un destin inéluctable, que l'esprit
humain continuât sa descente jusqu'au fond des principes, Krause, jeune encore, est enlevé au moment où

il touche au couronnement de son œuvre méditée pendant trente ans dans la retraite ; sa synthèse reste plutôt méconnue qu'inachevée.

Quoi qu'il en soit, cette chute était une conséquence obligée de l'exclusivisme intelligible ; l'école allemande s'y trouvait condamnée par Spinosa lui-même, parce que ce cabaliste avait voulu greffer sa synthèse sur la philosophie cartésienne.

II

Nous avons négligé jusqu'ici bien des philosophes qui semblent en dehors de ce mouvement si nettement progressif ; il est temps de revenir à leurs doctrines qui vont nous faire comprendre l'ensemble du mouvement germanique. Parmi eux, remarquons d'abord une famille très nettement caractérisée, celle des éclectiques ; cherchons-en le classement.

Leibniz (1720) est le plus grand d'entre eux ; il succède à Spinosa ; il éclipse le faible Mendelsohn (1764) qui lui succède de près.

Schleiermacher (1820) vient après Fichte et Schelling qu'il combat, puis, quelques années plus tard (1824 à 1828), Herbart triomphe presque sans efforts ou croit triompher d'Hegel tombé réellement, nous l'avons vu, par sa propre faute.

Le caractère des éclectiques est principalement dans la méthode qu'ils observent, laquelle se rattache intimement à celle de Descartes, au principe intelligible. C'est dans la nation qui ressent l'influence directe de ce principe, en France, qu'il en faut chercher le type le plus pur ; Cousin l'a érigé en système en élargissant les doctrines accessoires d'autres instinctifs, les Écossais.

Par lui nous comprenons très clairement l'éclectisme. C'est, en fait, la philosophie du *bon sens*, c'est-à-dire de l'instinct, qui se borne à constater ce qui convient ou répugne à sa nature, sans vouloir approfondir les causes de sa sensation métaphysique.

L'éclectisme est donc la philosophie des faibles, de ceux à qui les pics ou les profondeurs donnent le vertige; il est le refuge de tous les esprits que le tremblement saisit dans les ténèbres ou sur le bord des abîmes; il ouvre les bras à toutes les faiblesses, à toutes les nonchalances, les consolant par les espérances vagues de dons acquis sans grands efforts, par la bonté d'une providence incompréhensible, par la perspective de régions sublimes, mais non définies, à atteindre sans les fatigues ou les efforts du voyage. Il a pour les plus lâches les mollesses de l'*ataraxie* épicurienne; il offre aux plus faibles l'oreiller soporifique du doute; il soutient l'espoir des meilleurs par des discours sonores empruntés aux magnificences de toutes les doctrines. Il réconforte tous les découragements.

C'est pourquoi il apparaît toujours après les plus grands efforts de l'esprit humain, et ses succès sont grands alors, bien que de courte durée. Il faut lui rendre cette justice, son influence toute féminine est, en son temps, des plus salutaires; elle représente la vertu précieuse de l'Espérance.

La lumière projetée par Spinosa a saisi, effrayé les

esprits; Mendelsohn, Leibniz les rassurent; eux-
mêmes n'ont pu comprendre le colosse, mais en
croyant le renverser ils font connaître en quoi ils l'ont
méconnu; ils récitent de ces grandeurs ce qu'ils en
ont pu saisir et les vulgarisent.

Kant sera mieux apprécié, étant plus rapproché du
principe humain; mais, quand ses successeurs se
seront élevés trop haut pour être suivis, Schleiermacher, Herbart surtout sauront rassurer les esprits
troublés, proposer des mouvements nouveaux et
moins pénibles.

Qu'importe après cela de quelle classe ces demi-
synthétiques se rapprochent le plus; leurs préférences
sont réglées sur les besoins du temps. Leibniz est
plus près de la philosophie de l'Être, Herbart de celle
du Savoir, comme Cousin; un autre sera plutôt philosophe de rapports, tel est Benjamin Constant. Il est du
moins un caractère commun que vous leur retrouve-
rez constamment, c'est qu'ils se rattachent fermement
au principe intelligible (1), tout en flottant entre les
deux autres, dans l'antinomie, attirés tantôt vers la
synthèse, tantôt vers le doute.

Ils représentent l'homme qui se replie sur lui-même,
dans l'effroi des deux infinis extrêmes.

C'est par ce caractère d'attachement désespéré à
l'intelligible que les éclectiques se réclament de Descartes de qui la méthode est en somme l'intuition
intellectuelle ou de second ordre; car l'intuition

(1) Soit par le deuxième genre de leur classe comme Cousin
et Benjamin Constant, soit par la deuxième classe de leur
ordre comme Leibniz, ce qui constitue un degré supérieur.

aussi a trois termes : le supérieur que réclame la méthode ésotérique, l'inférieur qu'invoque le sensualisme, et l'intermédiaire qui n'est autre chose que le
sens commun.

Après les éclectiques, nous trouvons encore, en
Allemagne, deux autres classes de philosophes non
seulement distinctes, mais antagonistes : ceux que
l'on désigne communément par les noms de *mystiques*
(ou au moins religieux), et la catégorie des athées ou
des matérialistes dont nous avons cité seulement les
plus célèbres.

En Allemagne, les principaux sont : d'une part,
Jacobi, Lavater, Baur, Strauss ; de l'autre, Bauer,
Feuerbach, Büchner, Hœckel et leurs disciples.

Laissons à part les mystiques véritables : ce sont
des ésotériques complets étrangers réellement à l'école ;
tel est Bœhm, inspirateur de Spinosa, et que Hegel
mettait au-dessus de tous les philosophes depuis Aristote et Platon ; tels sont encore les actifs de cette
même classe : Weishaupt, Wœlner, les Illuminés et
les Rose-Croix.

Lavater serait plutôt des leurs, il faut cependant le
compter à l'école à cause de son influence sur son
temps et comme le principal inspirateur de Jacobi. Le
caractère principal de ces deux philosophes est dans
leur méthode qui est celle de l'intuition supérieure ou
mystique (1) ; Lavater (1775) l'enseigne jusqu'à l'ex-

---

(1) C'est la méthode de l'ésotérisme ; elle diffère de celle
éclectique ou du bon sens en ce que celle-ci se pose exclusive
en face des deux autres non moins particularisées : l'observation pure et l'intuition pure (nommée ordinairement mysti-

tase, comme avait fait Gerson ; Jacobi, au contraire (1785), n'en sut rien tirer de plus que la critique des systèmes dialectiques ; sur la philosophie de l'Être, il se renferme dans un christianisme mystique assez étroit.

C'est au christianisme aussi que Baur (1840 à 1860) et Strauss (1835-1856) se sont attachés, mais leur place est dans l'ordre des philosophes de rapport (à la 1re classe, rapports métaphysiques, les religieux). Ce que leur caractère nous offre de plus remarquable, c'est que tous deux sont disciples de Schleiermacher en même temps que d'Hegel ; observation qui trouvera tout à l'heure son importance. Baur a concentré tous ses efforts sur l'histoire de la doctrine chrétienne ; son œuvre considérable et en partie posthume est un superbe tableau des progrès de la pensée religieuse: c'est l'ésotérisme qui lui donne la vie ; certaines parties en ont produit en Allemagne une sensation immense, et l'avenir confirmera sans doute en l'accroissant cette impression première.

On sait assez comment Strauss a traité le même sujet en se bornant aux origines; ajoutons que, plus dégagé de l'influence éclectique de Schleiermacher, il accentue davantage aussi le défaut d'Hegel, ce qui explique qu'il soit devenu, depuis, un darwiniste.

Quant aux doctrines de Bauer (1843), de Feuerbach (1845) et de Büchner (1855), elles sont bien connues.

cisme). La méthode ésotérique synthétise les autres : elle perçoit par l'intuition et l'observation et contrôle ses perceptions par l'expérience; elle est aussi rationaliste et naturaliste que mystique.

On sait la thèse historique antichrétienne de Bauer (1) que Saint-René Taillandier nomme « un Voltaire, moins l'esprit, affublé d'une perruque et d'un grand bonnet ». On connaît aussi bien le panthéisme énergiquement matérialiste de Feuerbach et le matérialisme de Büchner encore plus dénué d'absolu : leur place dans notre classement est nettement indiquée : c'est le dernier genre de la dernière classe dans le troisième ordre des philosophies spécialisées ; ce que l'on pourrait appeler les bas-fonds de la nature.

Il est superflu d'insister sur leur compte ; cherchons plutôt à nous expliquer les succès de ces deux genres de doctrines si opposées.

Plus une philosophie se rapproche de la synthèse, plus elle offre à ses disciples d'aspects divers, à moins qu'elle ne soit assez puissante pour faire entrevoir au moins l'unité dans la multiplicité en s'élevant jusqu'aux principes les plus universels. Spinosa même eut à peine cette puissance que l'on ne trouve vraiment que dans l'ésotérisme ; ses successeurs l'eurent bien moins encore, Hegel moins peut-être que tout autre, malgré la grandeur de ses intentions et de sa tentative. Les disciples de ces philosophes, incapables de s'élever même jusqu'à leurs maîtres, ne saisissent leur doctrine que par une seule face différente pour chacun d'eux ; ils restent donc attachés à une spécialité, c'est-à-dire à l'un des trois aspects de toute synthèse totale ou partielle.

Le même effet se produit, du reste, en face de l'Unité

(1) Le christianisme, d'après lui, n'est qu'une imposture heureuse de l'évangéliste saint Marc.

ésotérique ; ceux qui ne sont point capables de l'embrasser la morcellent pour se la partager.

Il ne faut donc pas s'étonner qu'à un Spinosa, un Schelling, un Hegel succèdent, parallèlement, une école matérialiste et une école mystique. L'antiquité nous offre un exemple célèbre de ce phénomène en Platon et Aristote issus tous deux par Socrate de l'école d'Elée, c'est-à-dire de Pythagore, tous deux initiés aux mystères antiques où se transmettait l'ésotérisme.

Les éclectiques ont plus de motifs encore de produire le même effet parce que, ne possédant pas la clef de l'Unité, ils ont construit leur doctrine comme une mosaïque à pièces empruntées de toutes parts et mal cimentées; aussi rien n'est plus divergent que la série de leurs disciples. L'éclectisme n'apparaît pas comme un centre; c'est un carrefour où l'on se retire de partout, d'où l'on repart dans toutes les directions.

Ainsi s'expliquent les écoles secondaires dont nous venons de parler; elles sont les conséquences nécessaires ou de la faiblesse des disciples à côté du maître ou de l'impuissance de celui-ci à s'élever à la hauteur de principes assez synthétiques. Mais notons l'utilité de ces défaillances; l'ésotérisme nous la montre dans toute chute, dans tout sacrifice messianique; il la dépeint dans les légendes d'Osiris déchiré par Typhon, de Bacchus mis en pièces par les bacchantes; dans le symbole des bourreaux se partageant les vêtements du Christ.

Un génie s'élève, si grand au milieu des siens qu'il devient la victime de leurs passions jalouses; le

3

moindre Messie *doit* être un martyr ! Quelques rares
apôtres perpétuent seuls plus ou moins parfaitement
ses enseignements ; mais c'est par ses adversaires surtout qu'ils sont répandus en fragments isolés, incohé-
rents, opposés ; puis ces adversaires divisés par ces
dépouilles mêmes entrent en lutte, se réforment par
leurs attaques réciproques, et, finalement, reproduisent comme malgré eux, après plusieurs siècles,
la synthèse qu'ils ont méconnue et brisée.

N'est-ce pas ainsi qu'il en advient toujours quand
l'esprit, le principe actif, descend dans la matière, ou
principe passif ? Que le moindre spore pénètre au
milieu des cellules inertes, et voilà qu'il les boule-
verse ; elles s'acharnent après lui, l'absorbent, s'en
animent à leur tour, se pressent, se transforment,
entrent en lutte, pour arriver enfin à se rassembler
harmoniquement en un organisme analogue à celui
d'où provenait le genre primitif.

Telle est l'histoire que nous venons de parcourir :
Bœhm, Spinosa surtout, qui est moins élevé, fournissent le germe : Kant en est comme le ferment auxiliaire emprunté à un autre organisme ; puis viennent
les disciples qui, par leurs développements, font ressortir les défauts plus encore que les qualités et par là
favorisent les adversaires ; ceux-ci, on les trouvera
jusque dans la même école, soit parmi les faibles
comme les éclectiques, soit parmi les plus hardis qui,
nouveaux Judas, trahiront le maître faute de l'avoir
compris. L'école primitive se décompose donc jusqu'à engendrer son contraire ; mais c'est alors que
son triomphe approche si elle est vraiment la maî-

tresse de son temps. C'est ainsi qu'au moment où le
matérialisme semble tout-puissant en Allemagne, ce
n'est point pour lui-même qu'il travaille. C'est pour
la synthèse et comme malgré soi, car il faut une synthèse à l'esprit humain. Les nombreuses éditions de
« Force et matière » de Büchner ne sont pas encore
épuisées que l'Allemagne acclame Schopenhauer,
méconnu pendant près d'un demi-siècle (1819 à 1860),
puis le *monisme* d'Hartmann (1866), synthèses panthéistes et idéalistes encore en formation, mais qui
se distinguent par un caractère nouveau : elles s'appuient sur le naturalisme.

On aperçoit maintenant l'évolution de la philosophie
allemande moderne à l'intérieur de l'école : elle part
de Spinosa, du principe métaphysique, inspiré par
Bœhm ; elle traverse avec Kant, Fichte, Schelling et
Hegel le principe intelligible, tout en se diffusant par
la complicité des disciples et des éclectiques qui la
méconnaissent, puis de là elle tombe morcelée dans
le principe sensible, mais pour s'y reformer presque
aussitôt en une synthèse nouvelle dont le principe est
dans la nature. Quant aux mystiques, ils sont restés
presque en dehors de ce mouvement, comme des
témoins et des tuteurs dont la présence seule rappelle
les principes suprêmes de la synthèse ésotérique.

Il reste cependant à rendre compte d'une dernière
classe de philosophes, ceux que l'on peut appeler les
philosophes littérateurs : Novalis, Lessing, Gœthe;
mais leur rôle sera mieux compris tout à l'heure à
propos de la philosophie française ; du reste ils n'appartiennent pas réellement à l'école.

L'histoire si remarquable de la pensée en Allemagne nous a forcément entraînés en de longs développements; il vont simplifier ceux que demanderaient
les autres nations chez qui nous allons retrouver les
mêmes mouvements et les mêmes principes; il n'y
aura plus qu'à faire ressortir ce qu'y ajoute le caractère national.

III

En France, le tempérament dominant est celui du
principe intelligible avec le sentiment qui lui correspond, celui de la justice et de la philanthropie (1). Ici,
donc, point de mysticisme, point d'ésotérisme; il
faut que tout soit à la portée immédiate de l'intelligence humaine. Cependant, si la logique triomphe,
elle ne sera pas inflexible; le cœur, retenu seulement
par l'intelligence, non gouverné par l'intérêt comme
en Angleterre, ne s'égarera pas dans le mystère; ce
sera l'intellectualité bornée, tout humaine, mais
artistique et généreuse (2). Voici comment l'analyse
fait apparaître ce caractère.

Après Descartes, deux courants se produisent aussi
nets que persistants : ceux des philosophies que l'on

(1) Tandis que l'Allemagne représente le tempérament mystique avec toute la rigueur fatale, implacable, du principe
absolu. Il est facile de retrouver ce caractère dans toutes les
institutions et la conduite des deux peuples.

(2) En se reportant au passé, on trouvera les caractères :
De l'Allemagne en Orient. (Schopenhauer, Hartmann reviennent actuellement à la philosophie indienne, et l'Allemagne
politique est impériale.)
De la France dans la Grèce. (Paris est dit assez souvent l'Athè-
nes moderne.)
De l'Angleterre à Rome. (Même caractère pratique, même
passion de domination du monde et de colonisation militaire.)

désigne par les dénominations assez vagues de sensualistes et de spiritualistes : d'une part Condillac,
Helvétius, les Idéologues, Laromiguière, Comte, Littré; d'autre part Diderot, Condorcet, Volney, tous
quelque peu indécis, puis surtout Maine de Biran,
Cousin et l'école éclectique.

Ces deux genres s'accusent dès le temps de Descartes, par l'antagonisme de Gassendi ; son éclectisme
semi-positiviste produira la série des philosophes
mondains qui doit aboutir à Voltaire. Comme nous
manquons ici du point de ralliement qui faisait l'unité
frappante de la philosophie allemande, nous serons
dans un dualisme perpétuel ; les deux principes inférieurs, l'Intelligible et le Sensible, subsistent seuls
dans leur insoluble antinomie. Les maîtres de cette
période, ceux qui ont imprimé des directions précises
et durables, se réduisent même à deux :

Descartes, père de l'école spiritualiste française,
qui donne la direction vers le principe intelligible.

Comte, qui imprime vers le principe sensible la
direction que Littré accentuera.

Tous deux sont des philosophes de méthode (genre
deuxième de la deuxième classe), car c'est dans leurs
méthodes beaucoup plus que dans leurs doctrines
que s'est trouvée leur puissance.

Celle de Comte est la méthode de Bacon, précisée,
presque achevée par une mise en pratique de deux
siècles. Condillac en avait établi à priori les bases
sensualistes; Newton, Leibniz, Descartes lui-même,
par leurs travaux mathématiques, avaient commencé
à fonder la cosmologie sur l'observation sensible;

Boulanger, Dupuis, Volney, avaient ajouté à l'édifice
des sciences exactes une ethnographie aussi savante
dans son analyse que primaire dans ses conclusions,
très goûtées cependant du public ; Comte n'a eu qu'à
les formuler pour asseoir son positivisme sur la base
très équivoque des quatre âges de l'humanité (1).

L'ensemble de ce mouvement tendait donc à faire
disparaître toute communication suprasensible, tout
spiritualisme comme une illusion ridicule.

Cependant, en sens contraire, le principe intelligible trouve jusque dans les mêmes doctrines une
source nouvelle de prospérité. Ces doctrines en effet
ne pouvaient qu'exalter l'homme et son intelligence,
en lui attribuant tout le mouvement progressif.

Ainsi, jusqu'à sa phase dernière, le principe sensible se rattache encore au principe intelligible ; ou,
pour mieux dire, ce dernier, en tant que principe
humain, emprunte sa force et son éclat au principe
sensible.

C'est pourquoi Comte, positiviste et sensualiste,
aboutit à la constitution quasi-scientifique de cette
religion de l'humanité dont ses prédécesseurs avaient
tenté le culte un demi-siècle auparavant.

De leur côté, les spiritualistes eux-mêmes, j'entends
ceux de l'école évidemment dominante, ne se sou-

(1) On peut remarquer combien cette théorie positiviste du
progrès se rapproche dans ses périodes de l'évolution indiquée
par le présent essai, à savoir la série : chaos, foi, doute et
science ; mais il y a entre les deux théories cette différence
profonde que la pensée métaphysique regardée par Comte
comme une superstition est donnée ici comme la source et le
but suprême. Ce qui tient à ce que Comte *suppose* le progrès
en ligne droite, hypothèse contraire à l'histoire.

tiennent que par l'*observation* intérieure, c'est-à-dire
en appliquant au principe intelligible la méthode baconienne plutôt propre au principe sensible.

Il faudrait se garder, d'ailleurs, de voir dans ces
rapprochements aucune fusion synthétique; l'antinomie subsiste dans tous les détails; la lutte et la confusion sont comme la caractéristique de cette période.
Si la synthèse est tentée, elle n'aboutit qu'à l'éclectisme doctrinal fondé sur *le bon sens*, l'instinct, l'aveu
d'impuissance scientifique.

Ce qu'il y a de réel dans ce mouvement, c'est une
progression de l'esprit humain passant, à travers le
principe intelligible, du principe métaphysique au
principe sensible; transition nécessairement troublée,
remplie de notions vagues, car c'est le propre du
principe humain, intermédiaire, d'être également sollicité par les instincts de sa nature vers le métaphysique
et le physique, de souffrir d'une anxiété inquiète,
jusqu'à ce qu'il trouve le repos dans la synthèse harmonieuse de ces deux principes extrêmes.

Une revue rapide des doctrines françaises va nous
montrer en effet :

Au xviiᵉ siècle, une tendance vers le principe
divin ;

Au xviiiᵉ siècle, au contraire, un mouvement préci-
pité, tumultueux vers le principe physique de l'homme,
la perception sensible ;

Au xixᵉ siècle, après un retour très accentué vers
un point intermédiaire et plutôt métaphysique, une
descente nouvelle, plus réfléchie, plus persistante
aussi, non plus seulement vers le sensualisme, mais

vers le principe sensible lui-même, le naturalisme ; puis, vers la fin, aux temps actuels, une direction marquée vers la variété métaphysique du naturalisme, qui conduit évidemment vers la synthèse du second genre, celle consciente ou de la foi savante.

En même temps, soit à cause du génie propre à la France, celui du sentiment intelligent, soit par suite du trouble inhérent à toute transition, nous allons trouver plus abondant qu'ailleurs le troisième ordre de philosophes (1) (philosophie de rapports), avec toutes ses classses et tous ses genres : Bayle, Condorcet, Rousseau, Royer Collard, Lamennais, De Maistre, Buchez, Saint-Simon, etc., etc.

Par la même raison, on rencontre en plus grand nombre aussi, et surtout avec beaucoup plus d'autorité qu'ailleurs, la famille des philosophes littérateurs, intermédiaires entre le public et l'école : Bossuet, Fénelon, Bayle, Diderot, Volney, Voltaire, Buffon, Lacordaire, Quinet, Benjamin Constant, Paul-Louis Courier, et tant d'autres !

La méthode de Descartes, qui était par-dessus tout une déclaration des droits de l'homme à l'intérieur de l'école, provoqua immédiatement, selon la loi constante, la réaction des deux autres principes : physique et métaphysique ; l'un par Gassendi, comme adversaire, l'autre par Bossuet, Pascal, Arnauld,

(1) Il faut remarquer en effet, dans le tableau de classification, que, dans la première division (philosophie spécialisée), la proportion du sentiment va en croissant à mesure que l'on descend à travers les classes.

Malebranche, comme disciples ou défenseurs, ou par les jésuites comme ennemis.

Cependant l'avenir n'était pas aux métaphysiciens; Malebranche (1674), pour ne pas sortir de l'école, et son théisme absolu, n'eurent d'écho qu'en Allemagne par Leibniz qui même le rabaissa au déisme (classe 10° au lieu de classe 4°); la rigoureuse école de Port-Royal (1630 à 1664) n'avait pas été de durée plus longue, tandis que le sensualisme de Gassendi (1644) devait se préciser par Condillac (1750) et Helvétius (1758), avec cette particularité, toutefois, que l'homme pour automatique qu'ils le font, reste encore l'objet principal de leurs études. C'est ce qu'exprimera particulièrement Buffon (1740). Ainsi, le principe intelligible reste tout-puissant sous la domination apparente du principe sensible.

La philosophie qui se rattache au principe métaphysique n'était, du reste, ni vaincue, ni effacée; elle restait même la plus féconde et de beaucoup la plus populaire, mais la moins profonde aussi, affectant un caractère tellement indécis qu'il faut l'étudier attentivement pour discerner le principe vers lequel elle penche presque inconsciemment. Quoi de plus nuageux que la profession de foi du Vicaire Savoyard ? A combien de jugements divers n'ont pas donné lieu les déclamations contradictoires de Condorcet, de Diderot, de Voltaire, de Volney, qui tous, pourtant, se déclarent déistes? Mais qu'on le remarque bien, ce ne sont point là les faiblesses de l'éclectisme en quête d'une synthèse sans unité ; c'est l'expression très énergique d'une foi absolue dans le principe humain

3.

conçu seulement par l'instinct, non par l'intelligence, et, par là, cette philosophie remonte véritablement à Descartes.

Elle va se traduire en actes dans la Révolution, s'accusant dans la première déclaration des droits de l'homme: puis, comme une vague en efface une autre en la surmontant, elle disparaîtra avec les Girondins, étouffée sous les passions tumultueuses du principe naturaliste et fataliste dont les Montagnards sont les esclaves.

Le même dualisme se poursuivra dès que la politique permettra que l'école reprenne ses travaux : Cabanis (du genre naturaliste, 1803), Destutt de Tracy et les idéologues (du genre sensualiste, 1804) semblent d'abord assurer le triomphe du principe sensible, mais ils ne font que surexciter pour ainsi dire dans le désespoir le spiritualisme qui va se ranimer par l'analyse quand Royer-Collard importera en France les observations psychiques de l'école écossaise.

Que le lecteur veuille bien permettre ici une digression nécessaire pour faire ressortir une loi secondaire par rapport à celle qui commence à s'apercevoir, mais fort importante encore ; on ne peut mieux la reconnaître que dans cette histoire tourmentée de la philosophie française, elle s'y montre clairement dès les temps où nous sommes arrivés. Voici quelle est cette loi :

Le règne d'un principe à l'école affecte deux périodes successives bien tranchées:

La période de foi, synthétique, mais confuse ;

La période de science où l'unité se perd au profit de la précision et de la certitude.

La suite montrera même qu'une troisième période leur succède, celle de synthèse savante et précise (1).

Voici maintenant comme cette même loi apparaît dans notre histoire après l'effacement presque complet du principe métaphysique.

Au début de notre période, Bacon et Descartes se montrent comme les représentants encore instinctifs du principe sensible et du principe intelligible. Mais le premier de ces principes se prête par nature, et invite à une analyse bien plus simple, bien plus saisissante que le second ; le principe sensible passera donc plus rapidement de la période de foi instinctive à celle de science : Locke, que Condillac représente et précise en France, apparaît déjà soixante-dix ans après Bacon, et trente ans seulement après Hobbes, son disciple, qui clôt la période de foi.

Au contraire le principe intelligible persistera plus d'un siècle et demi dans les inspirations puissantes mais indécises encore de cette première période ; c'est le caractère que nous venons de signaler jusqu'ici chez tous les philosophes de l'école cartésienne.

Cette différence donnait au principe sensible, ou

(1) C'est absolument le mouvement que l'ésotérisme dépeint comme l'état d'innocence, la chute et la rédemption de l'esprit.

On peut ajouter à cette loi celle indiquée déjà pour l'Allemagne par laquelle toute doctrine individualisée, sectaire, éveille par ses propres exagérations celles qui lui sont opposées, lesquelles sont appelées à la détruire, sauf à périr à leur tour par la même cause.

On aperçoit ainsi comment les actions réciproques des écoles produisent entre elles un roulement sur la voie du progrès où la marche générale est réglée par la succession des trois principes.

sensualisme, une force qui devait lui assurer le triomphe, grâce à la précision et à la certitude de ses critiques. C'est pour cela qu'à Diderot, à d'Alembert, à Voltaire, à Rousseau, à Condorcet, nous voyons succéder si rapidement Cabanis, Destutt de Tracy et les idéologues.

Mais ce triomphe d'une école individualisée ne pouvait être qu'éphémère, la vérité n'étant pas bornée à un point de vue ; il a pris fin quand les écoles vaincues ont adopté les armes de leurs adversaires, c'est-à-dire sont passées à la phase scientifique par l'analyse psychologique interne. La lutte va donc se ranimer ; la victoire va changer de camp une fois encore.

Nous voici en effet à l'époque la plus éclatante du spiritualisme rationnel et peut-être aussi de l'histoire française de la philosophie : Royer-Collard (1810), Maine de Biran (1817), Cousin (1816-1840), Jouffroy (1835-1842), Garnier (1839-1859).

Ce n'est pas seulement la renaissance du spiritualisme sous une forme plus scientifique, c'est aussi une tentative de synthèse nouvelle en France, l'éclectisme. Animé par la chaleur du sentiment, prêché avec une éloquence qui devait séduire notre nation artiste, habillé d'une érudition inconnue jusqu'alors dans l'étude de la philosophie; propre, en apparence, à mettre une fin désirée aux tiraillements du dualisme, l'éclectisme ne pouvait manquer de produire une révolution véritable, un déplacement complet de l'autorité au profit du principe intelligible.

Il lui rendit si bien la vie que le principe divin

lui-même, qu'on pouvait croire tout à fait oublié, en
fut vivement galvanisé : De Maistre (1810), de Bonald (1827), Lamennais et Lacordaire (1830), etc.

Aussi, bien que l'éclectisme ne s'adressât qu'à l'instinct humain (le bon sens), son règne eût été peut-être
de bien plus longue durée sans une contre-révolution
fort inattendue qui lui arracha promptement le scep-
tre ; je veux parler de la philosophie de Saint-Simon
(1824), à laquelle Comte donna son expression véritable (1840).

Il faut en bien comprendre le caractère :

Jusqu'alors on était resté sur le terrain psychologique ; la·lutte du principe sensible contre l'intelligible se passait dans le domaine humain. Elle se
transporte maintenant dans celui qui est propre au
premier de ces principes, la nature physique ; la
psychologie même y sera portée.

D'après le *physicisme* qui est comme la première
manière de Saint-Simon, les phénomènes moraux ne
sont que des résultats mécaniques du mouvement des
fluides ; l'homme n'est qu'un animal qui a progressé,
les religions n'ont été qu'une étape de sa marche ;
elles doivent faire place à présent à la Science qui,
toute entière, se résume en la physique. Les savants
constitueront le sacerdoce nouveau : l'industrie, le
bien-être matériel, la réhabilitation de la chair, le
règne de l'homme sur la nature sensible ; voilà la fin
de la religion nouvelle.

Ce naturalisme humanitaire fournit une période
philosophique très remarquable : c'est la transition
bien nette du Principe intelligible au Principe sen-

sible. C'est de la science analytique des phénomènes
sensibles que l'on attend tout salut, mais, en même
temps, la foi dans le Principe humain est si puissante
encore qu'elle inspire même au plus naturaliste un
mysticisme assez singulier pour confiner au ridicule.
On ne se contente pas de renoncer à tout absolu, à
toute pensée surhumaine, on fait un Dieu de l'homme
même, le substituant, idole nouvelle, à l'idole qu'on
prétend renverser. Et comme le génie même ne
manque pas dans cette passagère aberration les philosophes de cette époque saisissent, découvrent dans
le monde sensible quelques-unes de ces lois universelles qui régissent la synthèse des trois mondes ;
leurs systèmes en empruntent des lueurs étonnantes,
qui brillent comme les paillettes argentifères dans la
galène :

Saint-Simon imagine le pontificat du prêtre social
« dispensateur suprême, qui lie, associe et gouverne les
industriels » par la hiérarchie des prêtres de l'analyse, des industriels — synarchie véritable, limitée
seulement au monde matériel.

Enfantin, s'élevant jusqu'à la loi d'amour, mais
enfermé dans la même sphère sensible, borne cette loi
à l'humanité et n'en voit même la réalisation que dans
les angoisses de l'amour physique, dans la duade
humaine, sans cesse renouvelée.

Fourier élargit encore ce mysticisme de l'instinct;
la passion elle-même devient la loi fondamentale de
l'homme qui, à travers un fatalisme absolu, est appelé cependant à devenir le maître de l'univers ;
paradoxe des plus ingénieux où la pétition de prin-

cipes se dissimule profondément cachée (1). Son mysticisme est bien plus apparent que réel ; il n'emprunte, en fait, à quelques principes ésotériques qu'un cadre qu'il remplit assez maladroitement.

Guépin, Pierre Leroux, Toureil, ont puisé plus largement aux sources synthétiques ; mais, toujours égarés par l'idée préconçue du culte de l'humanité et de la seule satisfaction des besoins physiques, ils sont retombés dans ce mysticisme matérialiste bien plus funeste que l'exaltation religieuse parce que, en répondant à l'un des besoins les plus profonds de l'être humain, il semble donner un corps sensible à un fantôme aussi mystérieux sinon plus illusoire que celui des fanatiques anthropomorphistes.

Rien n'étaitplus logique, plus naturel, plus conforme à la loi du mouvement que nous décrivons que l'avènement, après ces philosophes, des doctrines de Proudhon (1840-1860), l'évhémérisme pur (genre 11°), efflorescence dans le monde des réalisations de la philosophie de Comte, sublimation de toutes ces doctrines bâtardes dont le faux mysticisme reste au fond de la cornue.

Selon Proudhon, toutes les conceptions fournies dans les trois premières époques de Comte sont l'inspiration d'un être spirituel réel, mais esprit inférieur,

(1) Assurément, si l'homme est absolument livré à la fatalité des instincts, son seul salut est dans l'utilisation des passions, et dès lors le système est vrai (sauf la psychologie fantastique de Fourier) ; seulement, comment l'homme s'astreindra-t-il à cette direction s'il n'a pas la faculté de choisir ? Le fatalisme des passions entraîne la guerre et non l'harmonie ; comment les règlera-t-il s'il n'en est pas maître !

ennemi juré de l'*Homme*. « Dieu c'est le mal ! »
L'homme l'a vaincu par la science ou plutôt le
triomphe de l'homme commence, car il est un devenir, une condensation suprême de la nature.

Nous voici donc bien désormais dans le principe
sensible que nous abordons par sa tête terrestre,
l'Homme. La fatalité qui l'a produit comme une
écume du bouillonnement atomique reste la seule
divinité suprême, aveugle, mystérieuse, si incompréhensible, même pour cette philosophie nouvelle,
qu'on se contente de la faire entrevoir sans la définir,
presque sans la nommer.

Nous sommes maintenant sur la pente du matérialisme; les facultés ou les réalisations les plus élevées
de l'homme vont tomber dans le domaine de l'ana-
tomie et de la physiologie corporelle, avec Littré,
d'abord, appuyé sur le darwinisme et les travaux de
Robin; puis viendra la psychologie physique qui
dans ce mouvement nouveau représente comme l'école
écossaise du monde sensible.

Nous laissons à part l'école universitaire qui, soit
par nécessité de l'institution, soit par vocation, s'attache en efforts presque désespérés au spiritualisme
en décadence, passant de Descartes à Cousin et depuis
à Leibniz à qui elle arrive à présent, c'est-à-dire se
portant par une série de concessions à la gauche de
l'éclectisme sans consentir à l'abandon de ce refuge
suprême.

Les synthétiques n'ont pas manqué non plus à
toute cette période, mais ils n'apparaissent que perdus
ou négligés dans la fumée de la lutte. Ils sont cepen-

dant comme les dépositaires de l'avenir, les gardiens de l'Arche, bien qu'ils affectent parfois le caractère de leur temps ou qu'ils n'aient qu'une conscience confuse de leur rôle.

Au xviie siècle, quand l'esprit métaphysique montre encore quelque pouvoir, c'est Poiret, Mme Guyon et le quiétisme de Molinos.

Les agitations confuses du xviiie siècle sont souvent, à leur insu, réglées par un ésotériste pur : l'influence de Saint-Martin, le *Philosophe Inconnu*, est en effet considérable dans les loges maçonniques, inspiratrices de la Révolution française.

C'est sur la science positive que s'appuient les ésotéristes du xixe siècle, de Fabre d'Olivet à Saint-Yves d'Alveydre, avec Wronski, Lucas et autres, de qui les admirables travaux longtemps méconnus reviennent au jour, grâce au mouvement synthétique actuel.

Citons encore Buchez qui retrouva l'ésotérisme dans les nuages saint-simoniens, et qui rompit dès lors avec ses amis de la veille.

Nommons enfin comme se rattachant encore, sinon à l'ésotérisme, du moins à la synthèse, et le platonisme savant et d.. cat de Fouillée, et l'œuvre trop peu connue de Vacherot ; elle se distingue par cette particularité qu'elle se rattache plus spécialement aux traditions orientales, c'est-à-dire à la nuance *sensible* de la synthèse, non à celle intelligible qui est le propre des traditions occidentales : caractère des plus remarquables pour nous qui prouve du reste combien ce philosophe ingénieux et fin a compris son époque. Peut-être sa doctrine servirat-elle dans un temps prochain à rassembler nos savants analystes, comme Schopenhauer et Hartmann tentent de le faire en Allemagne.

En résumé, la marche de la philosophie française pendant les trois derniers siècles apparaît comme un mouvement du principe intelligible vers le sensible, composé d'une série d'oscillations assez analogues à celles d'une aiguille aimantée sollicitée par deux sources magnétiques de forces peu différentes.

. D'autre part, la philosophie en jeu est presque toujours celle du savoir, et plus spécialement celle de la méthode (Descartes, Condillac, Cousin, Comte), ou bien la philosophie du mouvement (des rapports) c'est-à-dire du sentiment, et plus spécialement dans l'intelligible (2ᵉ genre) (Bayle, Voltaire, Rousseau, Condorcet, les socialistes Buchez, de Bonald, de Maistre, Proudhon, etc.). C'est seulement quand le principe sensible vient à dominer que l'on s'attache de préférence à la philosophie de l'Être, mais en restant encore dans le 2ᵉ genre, soit par l'anthropolâtrie de Comte et de Proudhon, soit par le fatalisme de Littré et de ses disciples.

IV

L'Angleterre nous offre un spectacle différent. Elle se trouve dès l'origine attachée au principe sensible en même temps qu'à la classe intelligible, avec Bacon qui est comme caractéristique de ce genre (celui nº 9 du tableau de classification, l'expérimentalisme).

Non seulement elle se tiendra avec constance à ce

caractère, mais elle le raffinera, elle le spiritualisera progressivement mieux qu'aucune autre nation.

On vient de dire qu'elle se tient à ce caractère d'expérimentalisme (genre 3ᵉ de la 2ᵉ classe, dans l'ordre 1ᵉʳ); cela doit ·s'entendre toutefois en ce qu'elle varie seulement par le genre réciproque (c'est-à-dire le genre 2ᵉ de la classe 3ᵉ), la psychologie, dont l'école écossaise est le type, comme Bacon est celui du précédent; c'est là, en effet, que nous trouverons non seulement Hutcheson, Reid, Dugald Stewart, mais aussi Stuart Mill et Bain.

· Si Locke semble faire exception en se vouant spécialement à l'étude de l'origine du savoir qui le place dans la 1ʳᵉ classe, il faut remarquer que c'est par l'observation de l'entendement humain, et qu'il est bien plus rapproché que Condillac du principe intelligible.

En sens inverse, Berkeley, dont l'influence paraît du reste fort limitée, tire du sensualisme même son idéalisme à outrance, et se rapproche ainsi de Locke dont il est comme l'ombre.

Les philosophes de rapport (ou de mouvement) appartiennent en Angleterre à la classe sensible (celle nº 21) et la plupart sont ou économistes, ou jurisconsultes, ce qui les rattache au principe humain : Hobbes, Cumberland, Bentham, Owen, Schaftesbury, Adam Smith.

L'histoire de cette philosophie doit donc être à la fois plus simple et plus rapide que les précédentes. On y trouvera, comme en France, la lutte entre les deux principes de l'intelligence et de la nature, mais avec beaucoup moins de confusion et une direction plus accentuée vers le dernier ; aussi est-il finalement plus développé que dans notre pays.

Bacon (1620) est presque immédiatement suivi de Hobbes (1650), nominaliste, qui nie toute métaphysique, borne l'objet de la philosophie à l'étude de la nature physique et conclut à une morale purement utilitaire. Il est contredit par Cumberland (1672) qui fonde la morale sur la loi du devoir comme antérieure et supérieure à toute convention humaine (à peu près l'impératif catégorique de Kant), en ajoutant qu'elle est aussi le meilleur calcul de l'intérêt individuel.

Locke (1590), nominaliste et sensualiste comme Hobbes, reprend la cause naturaliste en la transportant sur le terrain psychologique. Il croit en un Dieu que la nature seule lui démontre, mais il doute de l'âme, comme du libre arbitre, et réduit la morale aux impulsions du plaisir ou de la douleur. Cette philosophie, encore plus empirique que savante, suscite la réaction jusqu'à l'idéalisme de Berkeley (1710) qui peut, dans une certaine mesure, se comparer au subjectivisme de Kant. Berkeley se contenta, en effet, de prouver que les sensations invoquées par l'école adverse ne pouvaient produire que des impressions subjectives, mais pour en conclure que l'intelligence seule existe, et par elle l'esprit.

Après lui vient Hume (1747) qui reprend encore une fois, avec plus d'éclat que de solidité, mais avec plus d'ensemble peut-être que ses prédécesseurs, cette thèse que la métaphysique et la psychologie doivent faire place à la physiologie ; que l'intelligence humaine ne peut s'élever au delà de la connaissance

des rapports entre les êtres sensibles ; que l'idée de
cause n'est que le fruit de l'habitude ; que, du reste,
les choses sont en un écoulement perpétuel qui ne
suppose aucune cause première, et qu'enfin la morale
n'est qu'un instinct sentimental, la science et la vie
étant, en fait, diamétralement opposées.

Price (1751), en se bornant à la morale, contredit
assez faiblement ces dernières doctrines ; mais il se
rattache à une école célèbre, celle écossaise, qui, avec
Hutcheson (1728) et surtout Reid (1739), contradic-
teur spécial de Hume, donne à la lutte un caractère
tout nouveau par l'esprit scientifique d'observation
précise qu'elle y apporte.

Reid transporte ou rapporte dans le domaine de
l'intelligible ce principe de l'observation baconienne,
par une psychologie fondée sur l'observation interne,
aidée par l'analogie et l'induction. En même temps
il prend le *bon sens* (c'est-à-dire le sens spirituel inférieur) pour critérium de la certitude. Grâce à cette
méthode nouvelle, l'école naturaliste pouvait sem-
bler vaincue par ce spiritualisme si vague cependant
encore, et avec les armes de Bacon lui-même. Aussi
ses défenseurs qui ne se trouvent plus, du reste, que
dans la philosophie de rapport, restent-ils désormais
au second plan : l'utilitarisme de Bentham (1789) et
le socialisme égalitaire du déterministe Owen (1816).

Le sensualisme et l'utilitarisme ne pouvaient plus
se défendre sérieusement qu'avec les armes scientifiques de la philosophie écossaise ; la victoire lui
revint grâce au génie des deux Mill et surtout du fils
(1843-1869), qui produisit en Angleterre un mouve-

ment aussi important et plus fécond que celui de
Saint-Simon en France.

Stuart Mill n'admet pas plus que ses prédécesseurs
que nous percevions rien autre chose qu'une série
d'impressions, de modifications internes ; mais sa
force est dans l'habileté, la finesse et la profondeur avec
lesquelles il soutient cette thèse en l'appuyant de deux
théories psychologiques dont il peut se dire presque
le fondateur, celles de l'association des idées et de l'induction. Économiste, utilitaire en morale, positiviste
dans sa méthode, il ne consent point cependant à exclure la métaphysique et la conjecture d'une cause première. Sa philosophie est donc plus étendue et plus
élevée que ne l'est en France celle de la même école.

La contradiction ne lui a pas manqué plus qu'à ses
prédécesseurs ; son adversaire était du reste digne de
lui et de l'estime partagée qu'il lui a témoignée. Whewel (1840-1860), savant plus encyclopédiste encore
que Stuart Mill, fondait la certitude sur l'intuition,
sans refuser toutefois à la sensation le rôle de produire
l'idée. Sensations et idées sont pour lui comme la
matière et la forme des corps ; les idées sont des sensations *informées* et non pas *transformées*. Les
notions d'espace, de temps, de force, de cause lui
semblent nécessaires et non pas dérivées de l'expérience, mais il n'appuya ces assertions que des
arguments négatifs qu'il imposait aux ingénieuses
théories de Stuart Mill ; ce caractère défensif nous le
représente en un rôle inférieur.

Le digne successeur de Stuart Mill et le plus grand
philosophe peut-être de l'Angleterre pouvait venir

maintenant recueillir les fruits de tous ces remarquables travaux et en retirer l'essence. Spencer (1850-1880) a développé plus et mieux que qui que ce soit les principes supérieurs de la nature autant qu'ils peuvent l'être par une philosophie spécialisée ; aussi se laisse-t-il emporter souvent par son esprit synthétique jusqu'à des hauteurs si voisines de l'ésotérisme qu'il en devient suspect à ses confrères effrayés ou irrités. Rassemblant toute les données de la science moderne avec une habileté rare et des aperçus d'un génie un peu subtil, il a, le premier, tracé le tableau complet des connaissances humaines que Bacon avait rêvé dans son *Novum organum*; aussi Spencer en propose-t-il une classification nouvelle.

Contemplant ainsi le grand Tout des profondeurs terrestres, il s'élève jusqu'à la certitude d'une Force, d'une Substance et d'une Cause première que ses prédécesseurs niaient faute de pouvoir la concevoir ; seulement il se contente d'apercevoir cette terre promise qu'il persiste à croire inabordable à l'homme ; par cette seule faiblesse il retombe dans les désespérances du naturalisme et de l'utilitarisme.

Avec lui nous sommes complètement arrivés au principe de la Nature, aperçu même en ce qu'il a de plus élevé. Pour Spencer, l'homme est un produit supérieur de l'évolution. C'est par elle que se sont formées sa morale et ses plus hautes facultés ; cependant l'homme disparaît ici devant l'évolution du Cosmos dont Spencer nous trace un admirable tableau scientifique. L'être humain, pour arriver au bonheur, doit assentir et obéir au courant des cycles immenses qui sont comme la voie ouverte à l'évolution, depuis l'apparition de la nébuleuse jusqu'à la mort de l'univers, à travers les phases de l'individuation, de l'harmonisation et de la reproduction. C'est la peinture déjà complète de la *Nature Naturée* représentée dans les détails de sa vie, et ce tableau, tracé avec les couleurs de la science baconienne, constitue un triomphe inouï jusqu'ici.

L'ésotérisme peut en concevoir une grand joie, car ce succès prépare les intelligences à la connaissance correspondante de la *Nature Naturante* en lui fournissant une base qu'elle avait perdue depuis bien des siècles et qu'elle n'a jamais eue apparemment aussi large et aussi solide. Il est à croire que Spencer fera époque dans l'évolution de la pensée humaine comme préparateur et précurseur d'une ère nouvelle. Eclairées d'un éclat inconnu jusqu'ici, les vapeurs du mysticisme allemand peuvent rendre transparents les voiles du sanctuaire au profit d'une masse aussi considérable que jamais d'âmes troublées, anxieuses.

Les ésotérique sn'ont pas manqné non plus en Angleterre, bien qu'ils soient plus rares. Robert Fludd (1630), purement cabaliste, trouve beaucoup plus d'adversaires que de partisans; Pordage, élève de Bœhm et maître de l'illuminée Jeanne Leade (vers 1650), n'a pas eu d'influence considérable sur son pays. Celle de Cudworth (1678) a été plus importante, bien qu'il fût plutôt théoricien, ou peut-être parce qu'il le fut seulement, mais il est bien remarquable que sa théorie porte à peu près entièrement sur la lumière astrale (qu'il explique et justifie sous le nom de *mé-*

diateur plastique), c'est-à-dire sur le principe sensible de l'ésotérisme ; tant il est vrai que l'Angleterre est attachée par tempérament au principe naturel. De même Fludd était principalement alchimiste.

*
* *

Dans cette revue rapide, nous n'avons parlé que des trois nations principales ; c'est qu'elles sont, en réalité, les seules qui renferment la vie de cette période ; les autres sont, dès lors, dans le corps occidental comme des organes ou atrophiés ou informes ; à quelques exceptions près, ils vivent de la vie des trois principales.

L'Italie a mis comme les derniers battements de son cœur dans le magnifique élan de la renaissance ; après quoi elle s'est pour ainsi dire endormie, de même que l'Espagne, de même que la Grèce, se bornant à suivre le mouvement général, sans y aider davantage, comme si son principe vital s'était épuisé au profit du reste de l'Europe dans cette transmission de la vie orientale, et qu'il n'y eût point de place utile en Occident en dehors des représentants des trois principes fondamentaux. Quant aux peuples de l'extrême Nord, on peut les compter encore comme des adolescents dont l'avenir est peut-être uni au sort de l'Orient.

Il est, en tous cas, un fait des plus remarquables, c'est que les rares philosophes illustres que ces nations secondaires fournissent à la période que nous étudions sont des ésotériques ou tout au moins des synthétiques presque parfaits. Contentons-nous de nommer pour preuve :

L'Italien Vico, en 1725 ;

4

Le Génevois Bonnet (1770) que nous aurions pu fort bien comprendre dans l'histoire française, à côté de Ballanche;

Les néo-catholiques Rosmini (1830), Gioberti surtout (1833), en Italie; Balmès (1845) en Espagne;

Et l'illustre voyant Swedendorg (1750), en Suède.

Ne semble-t-il pas que lorsqu'une nation, fatiguée par la vie ou assoupie au berceau, attend dans le sommeil le jour de la résurrection, l'ésotérisme y persiste seul pour éclairer les ténèbres de quelques lueurs comme la lampe solitaire et vacillante que l'on conserve la nuit à la voûte du sanctuaire?

CHAPITRE III

Généralisation de la loi

SOMMAIRE : I. La loi de succession des trois Principes s'applique à l'ensemble de l'histoire moderne de la philosophie. — II. L'époque moderne est elle-même, dans l'Ère chrétienne, la représentation du Principe humain ; elle est précédée du Principe métaphysique ; celui Naturaliste la suit. — III. L'Ère chrétienne est elle-même la représentation du Principe humain dans l'ensemble de l'histoire classique, où la même série évolutive se reproduit. — Tableau général de l'Évolution dans les temps historiques.

I

Les trois périodes constatées dans le chapitre précédent à l'intérieur de chaque nation, étant à peu près contemporaines, ont produit en Europe, dans le cours des quatre derniers siècles, comme trois ondes ou vagues philosophiques que le rapprochement de quelques noms typiques suffit à faire apparaître (1).

(1) Les nations sont disposées sur le tableau suivant dans l'ordre fourni par la chronologie ; il fait remarquer un léger retard pour l'Allemagne qui le compense par la profondeur de sa philosophie.

DATES	ANGLETERRE	FRANCE	ALLEMAGNE
xvii⁰ siècle (1620 à 1670)	Bacon (1620)	Descartes (1638)	Spinosa (1670)
xviii⁰ siècle (1740 à 1800)	Reid (1740) l'école Ecossaise	Condillac et les Encyclopédites (1750-1780)	de Kant à Hegel (1780-1810)
xix⁰ siècle (1830 à 1850)	James et Stuart Mill (1830-1840)	St-Simon et Comte (1830-1840)	Feuerbach et Büchner(1840-1850)

On reconnaît dans le sens horizontal de ce tableau la distribution des trois principes entre les trois nations, c'est-à-dire dans l'espace ; et dans le sens vertical la succession des mêmes principes entre les trois siècles, ou dans le temps. L'ensemble dépeint cette même succession en ajoutant à chaque époque les nuances que produisent les nationalités :

La première époque s'attache aux *Principes* (sensible, en Angleterre, intelligible en France, métaphysique en Allemagne).

Le seconde songe surtout à l'*Intelligence* humaine (rationaliste, sensualiste ou idéaliste).

La troisième se consacre à l'*Étude de la nature* (intellectuelle, psychologique, physique ou substantielle).

L'historien Cantù a été frappé de ce fait, en dehors même de l'école :

« Le xvii⁰ siècle, dit-il, avait étudié les *devoirs* ; le
« xviii⁰ étudia les *droits* ; le xix⁰ s'est trop attaché

« aux *intérêts.* » (Épilogue de la dix-huitième époque.)

Empressons-nous d'ajouter que la pensée humaine, après cette descente des hauteurs de l'absolu, ne séjourne pas dans les dernières profondeurs du concret ; elle semble, au contraire, s'élancer aussitôt de ce sous-sol, comme d'un tremplin flexible, vers l'Unité qui fut son point de départ et qui reste son but inoublié : Trois noms caractérisent ce mouvement nouveau avec la même correspondance aux tempéraments nationaux :

Spencer	Littré	Hartmann
(1862-1870)	(1860-1870)	(1868-1880)

Cette même loi de succession descendante se confirme encore, si, au lieu de rapprocher les nations par juxtaposition seulement, on considère le mouvement d'ensemble dans le monde occidental, en tenant compte exclusivement des doctrines qui ont exercé une influence universelle.

On trouve en effet, alors, la série suivante :

1° Le règne de *Descartes*, qui, alors, éclipse Bacon, et à qui se rattacheront Locke, Leibniz, Kant et Spinosa lui-même ;

2° Le règne des *Encyclopédistes* et de la *psychologie*, siècle de Diderot, de Voltaire, de Rousseau. La philosophie y procède de Descartes par Condillac, son disciple de la main gauche ; c'est un spiritualisme assez hybride, fortement teinté de sensualisme, qui aboutit à la psychologie écossaise, à l'éclectisme et au criticisme ;

4.

3° Le règne de *Bacon* représenté par l'influence de Comte ;

4° Et le règne des *Synthétistes modernes*, que Spencer inaugure; il y faut compter avec Schopenhauer et Hartmann la pléiade des savants synthétistes, tels que Darwin, Claude Bernard, Faye, Zollner, Wallace, Haekel, Balfour Stewart, Crookes et quantité d'autres.

Le caractère de ces époques générales est aussi net que celui des époques observées chez chaque nation.

Le xvii° siècle, dominé par Descartes, est celui des philosophes spiritualistes et des querelles religieuses. Les doctrines cartésiennes, poussées par Malebranche jusqu'à l'idéalisme le plus radical, sont répandues au nom de l'Église catholique par Bossuet et Fénelon ; Port-Royal les défend contre les Jésuites alarmés. Il n'est bruit alors que de Jansénistes et de Molinistes, de grâce efficace ou de grâce suffisante, de probabilisme ou de prédestination. Bayle n'arrive qu'à la fin de ces luttes ; Gassendi, malgré l'illustration sociale de ses disciples (La Mothe Le Vayer, Saint-Evremond, Molière, Ninon de Lenclos, etc.), reste au second plan comme précurseur des maîtres qui doivent prévaloir dans la période suivante ; exemples de cette règle générale, à noter en passant, que toute époque renferme, au cœur des doctrines qui la dominent, le germe de celles adverses qui doivent lui succéder.

Ce sont encore les théories cartésiennes qui donnent l'inspiration ou plutôt servent d'assises aux philosophies métaphysiques de Spinosa et de Leibniz.

Malgré l'œuvre de Hobbes, à peu près bornée à la

politique, malgré les théories de Locke, d'ailleurs ouvertement théistes et venues seulement à la fin de la période, l'Angleterre, elle aussi, reste vouée au spiritualisme. On la sait toute occupée de ces violentes querelles dont la révolution de 1689 est presque un épisode. A l'intérieur de l'école, la pensée anglaise consacre déjà ses principaux efforts à la mise en pratique des préceptes baconiens; ses philosophes sont les savants de la Société royale : Boyle, Vallès, Huygens, Halley, Harvey, Newton; ils inaugurent la *philosophie naturelle*, mais elle est tout attachée encore au spiritualisme, à la religion même; nul ne s'étonnera alors qu'un Newton commente l'Apocalypse.

La seconde période est si nettement caractérisée qu'il est presque superflu d'en retracer la physionomie :

Revendication violente des droits de l'homme; proclamation de sa suprématie absolue; insurrection complète contre tout dogmatisme spirituel.

Au début, influence universelle des deux grands vulgarisateurs de cet esprit nouveau : Voltaire et Rousseau, reflétés en Allemagne par Gœthe, en Angleterre par Hume et Byron, et sauf les réactions propres aux tempéraments nationaux.

Les doctrines sont pleines d'abord de confusion, d'hésitation entre les deux pôles opposés : spiritualistes avec Rousseau, sensualistes avec Hume, d'Holbach, Helvétius; indécises surtout, hybrides même, chez la plupart, comme chez Voltaire, Diderot, d'Alembert et Locke qui les précède.

On s'attache, du reste, avec prédilection à la philo-

sophie des relations ; c'est le siècle des moralistes, des
politiques, des jurisconsultes : Rousseau, Turgot,
Condorcet, Montesquieu, Bentham, Adam Smith,
Ricardo, Malthus.

Puis la pensée se précise en se portant plus spécialement sur l'étude de l'âme humaine, la psychologie,
inaugurée par Locke et Condillac.

C'est alors qu'apparaissent : l'École écossaise (1750-
1800) ; Kant et ses successeurs, jusqu'à la dialectique
grandiose d'Hegel (1780-1810) ; Laromiguière, Jouffroy, Maine de Biran, Cousin (1810 à 1830).

Le germe de la période naturaliste s'accuse en
même temps par un groupe bien empirique encore,
mais plein d'énergie, et qui a déjà son moment de
triomphe avec Buffon, Cabanis, Destutt de Tracy et
l'idéologie. L'avènement s'en prépare surtout par un
ensemble de travaux scientifiques tellement imposant
déjà qu'on ne s'étonnera pas de les voir bientôt
prendre corps pour revendiquer au nom de Bacon la
suprématie sur les affaires humaines ; tout le monde
nommera les Lavoisier, les d'Alembert, les Laplace,
les Lagrange, les Herschell, les Faraday, les Davy, les
Dumas, les Liebig et tant d'autres.

Lorsque Comte proclame la philosophie positive,
développement du physicisme de Saint-Simon, il ne
fait que formuler ce que pensait depuis longtemps
déjà une grande partie sinon la majorité des intelligences qui s'étaient consacrées aux sciences expéri-
mentales.

De même, Bacon, deux siècles auparavant, n'avait
fait que résumer la doctrine des savants principaux

de son siècle ; mais ses disciples parlent à présent au
nom d'un trésor de faits et de lois amassé pendant
deux siècles d'efforts aussi ingénieux que persévé-
rants, au nom surtout de réalisations surprenantes,
aussi flatteuses aux intérêts matériels et aux passions
physiques qu'à l'orgueil humain énivré de succès
inouïs. Il va donc suffire à Comte d'affirmer, de dé-
créter, pour que son dogmatisme, tout hypothétique
encore, éclipse en quelques années le spiritualisme
psychologique, l'éclectisme ou la métaphysique, bien
que leur triomphe ne semblât pas achevé.

Les intelligences étaient si bien préparées pour cette
troisième phase, qu'à peine à ses débuts, elle se développe en une abondance inespérée de découvertes et
de théories synthétiques : celles physiques de la ther-
modynamie, du spectroscope ou de l'électricité ; celles
atomiques et de la chimie organique. Entre toutes, les
révélations physiologiques semblent comme une cons-
piration de la nature elle-même pour donner dans
tous les pays une vie toute nouvelle aux doctrines
sensualistes et positivistes en les asseyant, à l'exclusion
de toutes autres, sur une base réputée inébranlable.

Il n'y a donc pas à s'étonner des hardiesses triom-
phantes de l'École ainsi rajeunie. La psychologie, la
métaphysique elle-même sont pliées à ses décrets ;
aspirations esthétiques ou morales, sentiments, pensée, tout devient pour elle matière, mouvement ; tout
est soumis à son scalpel.

« Combien, dit encore l'historien Cantù (vol. XX,
« p. 286), ceux qui, il y a quelques années, se dis-
« tinguèrent dans la psychologie : Cousin, Maine de

« Biran, Garnier, seraient étonnés et déconcertés en
« écoutant nos auteurs vivants, Fœchner, Helm-
« holtz, Spencer, Bain, Stuart Mill, Wundt; en
« voyant des méthodes, des objets d'étude, des résul-
« tats si différents ! » Tout devient mécanique, évolution nécessaire, transformation d'énergie, déterminisme fatal qui roule perpétuellement des atomes
inertes du chaos à la mort et de la mort au chaos.
L'homme qui, tout à l'heure, était l'efflorescence et le
but de l'Univers, disparaît maintenant comme un
grain de poussière dans le tourbillon de ses forces
implacables et gigantesques. C'est le règne de la Force
matérielle.

Mais c'est dans cet effacement même qu'est la grandeur et la puissance de ces exagérations superbes.
N'est-ce pas toujours en s'humiliant que l'homme
retrouve sa majesté véritable ? Le voici comme an-
nulé devant le Destin, mais, dès qu'il comprend la loi
fatale, il n'a qu'à y assentir, à coopérer avec elle pour
reprendre le premier rang à la tête de son monde.
C'est ce qu'ont reconnu déjà les maîtres les plus ré-
cents et les plus grands aussi de ce mouvement, en
donnant presque *tous* pour conclusions à leurs
doctrines l'*altruisme* et la participation active de
l'homme à l'évolution progressive. Tel est le sens
supérieur du *pessimisme*, telle est aussi la doctrine
de Comte, de Mill, de Littré, de Spencer et de leurs
disciples.

Là est le germe de la quatrième période ; celle où
l'esprit humain, après avoir traversé, pour parler
comme Hartmann, le stade illusoire du théisme, du

rationalisme et du naturalisme, pourra mieux comprendre, commencera d'embrasser dans son ensemble
l'Unité trinitaire, en qui seule se trouvent le Bonheur
et la Vérité.

II

Cependant, au-dessus de la série des variations
ainsi constatées dans le cours des trois siècles qui
nous occupent, la pensée humaine affecte aussi un
caractère général commun à nos trois périodes,
propre par conséquent à les distinguer des siècles antérieurs, comme un ensemble complet. Ce caractère,
qui apparaît dans la revue précédente, correspond
au second de nos trois principes fondamentaux : celui
Intelligible ou Humain. C'est ce qu'il importe de
faire mieux ressortir.

On sait combien ce principe est triomphant au
xviii siècle, qui est comme le temps de son apogée;
il n'est guère plus difficile de le constater au xvii.
Sans parler des hardiesses d'un Hobbes, d'un Gassendi, d'unBayle, ou des revendications baconiennes,
qui toutes sont encore au second plan, nous voyons
le doute philosophique servir d'introduction à la
méthode de Descartes. Or qu'est-il autre chose que
le cri d'indépendance de la pensée humaine qui
brise les chaînes de la révélation et de la tradition ?
Ne voit-on pas combien et comment la religion se
croit elle-même obligée de s'appuyer désormais sur
la raison humaine ? Malebranche, Arnauld, Pascal,
Bossuet, Fénelon, sont cartésiens autant que catho-
liques. Le génie de Loyola ne s'y trompe point quand

il se dresse de toute sa sombre énergie en face de
l'intelligence humaine qui vient de briser ses entraves
avec Luther. L'affranchissement de la pensée est la
vraie, la seule raison d'être des Jésuites, comme
aussi la cause du radicalisme implacable qui les
sépare du monde nouveau.

Efforts admirables autant qu'inutiles, que pénibles
même au Pouvoir Unitaire, que leur dévouement com-
promet. La vie n'est plus là, elle s'est retirée, et sciem-
ment, fatalement, du premier principe, pour aller ani-
mer successivement les deux autres. C'est en vain que le
Jésuite oppose à ce courant irrésistible la savante
inertie de sa foi morte au monde ; il ne fait qu'en
redoubler la violence par l'obstacle de son immobilité, car il est au milieu de nous, comme au sein de
son ordre, *Sicut cadaver* ! Forts de notre foi dans
l'avenir, comme il l'est de la sienne qui s'attache au
passé, laissons donc cette haine aveugle qui flétrit
inutilement son nom. Honneur à son courage mal-
heureux ! Saluons-le et donnons-lui rendez-vous au
temps relativement prochain où, selon nos convictions, la Fraternité nous rapprochera dans une synthèse lumineuse de science et de religion !

Le Jésuite, le Franc-Maçon ! N'est-ce pas assez de
ces deux noms pour prouver qu'aujourd'hui encore,
ce qui se cache au fond du naturalisme positif de
notre temps, c'est l'amour de la libre pensée, l'ambi-
tion du Principe Intelligible qui prétend à la suprématie. Faut-il rappeler aussi le rationalisme des Doc-
trinaires, l'athéisme ou plutôt l'antithéisme du
caïniste Proudhon, les critiques sceptiques de l'école

positiviste, de Taine, de Renan? Faut-il nommer
d'autre part les dogmes de l'Immaculée conception et
de l'Infaillibilité papale, ou le cri d'alarme du Sylla-
bus?

Même phénomène du reste, dans les pays protes-
tants : en Allemagne, c'est la magnifique étude gnos-
tique de Baur, et, en sens contraire, le *Christianisme dévoilé* de Bauer, la *Vie de Jésus* de Strauss;
l'*Essence du Christianisme*, et l'*Essence de la Foi* de
Feuerbach, sans compter les protestations anti-
religieuses de Buchner, d'Hœckel et de toute l'école
matérialiste.

En Angleterre, nous voyons le criticisme religieux le
plus hardi des universités d'Oxford et de Cambridge
(Revues et Essais de Colenso, Pellisson, Temple,
William, Pawel, Jowel) faire pendant aux déclara-
tions nettement matérialistes ou positivistes qui atti-
rent de temps en temps sur la jeune université de
Londres les semonces de l'Église anglicane.

L'opposition religieuse n'est pas moins vive dans
la société qu'à l'intérieur de l'école. Qu'il s'agisse de
l'instruction publique ou de l'impôt, du gouvernement intérieur ou du service militaire, les deux puissances laïque et civile ne cessent pas en France de se
rencontrer et de se disputer la suprématie : « Le clé-
ricalisme, voilà l'ennemi » pour l'homme politique.
Il n'en va pas autrement dans les pays de religion
protestante : En même temps que les sectes toujours
plus multiples se coalisent contre la religion catholique qui s'y montre cependant très puissante encore,
le pouvoir laïque tend de son côté à dominer com-

plètement le pouvoir religieux, à le supprimer même : de sorte que les questions religieuses ne cessent pas de se mêler à tous les bouleversements politiques. Partout c'est à la religion, quelle qu'elle soit, que le socialisme s'attaque tout d'abord ; l'athéisme est son mot d'ordre (1).

C'est donc bien vers l'indépendance absolue que l'intelligence humaine s'est avancée par des efforts constants, depuis la Renaissance, à travers les trois phases de la religion rationnelle, du rationalisme pur et de la science positive. Un coup d'œil d'ensemble sur les siècles antérieurs montre comment ce caractère succède et s'oppose à celui du moyen âge : Ici est la foi, l'autorité, le dogmatisme, l'Église qui parle au nom de Dieu par révélation primitive continuée ; là est l'indépendance croissante de la pensée qui n'admet d'autre certitude que celle de son intelligence, d'autre enseignement que celui de la science expérimentale et d'observation.

Ici est l'empire et la royauté ; là est la monarchie constitutionnelle ou la république équilibrée.

Ici, le premier de nos principes généraux, celui métaphysique ; là le second, celui intelligible, l'un succédant à l'autre en deux grandes périodes, de la

(1) « C'est un fait bien digne de remarque que, dans le « siècle qui suit celui de Voltaire, les plus grandes questions, « celles qui émeuvent la société jusque dans ses entrailles, « soient des questions religieuses. Les peuples qui s'étaient « crus indifférents reconnaissent que leur cause et celle de la « liberté se débattent dans celle de la religion, » dit Cantù (vol. XIX, p. 403) qui n'a pas aperçu comment ce phénomène se rattache aux temps antérieurs.

même manière que dans les périodes qui les subdivisent, étudiées plus haut.

Notre loi d'évolution se répète donc à travers tous les siècles de l'ère chrétienne, montrant ainsi son universalité ; il est aisé de la retrouver dans les détails de la première moitié de cette ère comme nous l'avons vue dans la seconde.

La phase mystique et métaphysique se prolonge pendant les quatre premiers siècles avec une vigueur, une richesse, une élévation inconnue depuis. A côté du Christianisme, qui doit faire triompher le principe autoritaire en étouffant comme hérétiques les nombreuses doctrines nées dans son sein, s'épanouissent les écoles des gnostiques, celles juives de Philon, du Talmud, de la Cabbale; celles des Néopythagoriciens avec Apollonius de Thyane (Jamblique s'y rattache) ; celles si brillantes des Néoplatoniciens prolongées à peu près jusqu'à l'invasion barbare, et celle des Stoïciens, débris bientôt disparus des temps antérieurs. Cet admirable mouvement était, en effet, contemporain de la fin du monde ancien, et il faut bien remarquer que c'est dans le troisième de nos principes qu'il s'éteint, dans l'épicurisme inférieur.

Les barbares en étaient au même point lors de leur invasion, mais leur enfance était la première au lieu que Rome était retombée dans celle de l'extrême vieillesse.

Quand les peuples retrouvèrent assez de calme pour penser, sous la domination souveraine de l'Église et sans songer à y échapper encore, ils tentèrent du moins d'appuyer leur foi sur la raison. Saint Anselme (en 1083) commença ces études nouvelles qui doivent remplir le moyen âge avec les émouvantes querelles de la Scholastique. Tantôt approuvée, tantôt condamnée par l'Église (représentant du premier Principe), elle finit par obtenir son autonomie (en 1245) ; c'est ce que l'on nomme la seconde scholastique (Alexandre de Halles, saint Thomas, Dun Scott, Ockam, Buridan) ; elle se prolonge jusque vers 1350 ; mais déjà l'esprit humain se rapproche du naturalisme. Saint Thomas, l'auteur de la *Somme*, appartient quelque peu à ce genre ; Albert le Grand, son maître, s'y rattache bien davantage (dès 1260), et le franciscain Roger Bacon, son contemporain, lui appartient tout à fait. Puis viennent Nicolas Flamel, Paracelse, Cardan, Fludd, dès le début du xviᵉ siècle, et, sous l'impulsion de ces ésotéristes, commence le mouvement complètement scientifique dont Bacon doit préciser la méthode ; les noms illustres abondent : Viète, Briggs, Napier, pour les mathématiques ; Copernic, Tycho Brahé, Képler, Galilée, pour l'astronomie et la physique ; Agricola, Cesalpino, Palissy pour les sciences naturelles ; Vésale, Fallope, Eustache, Fabrizio d'Aquapendente, pour la médecine ; Reuchlin, Postel, pour la philosophie !

En somme, nous pouvons nous représenter par le tableau suivant l'évolution de la pensée humaine depuis le début de l'ère chrétienne.

ÉPOQUES	PHASES	DATES	CARACTÈRE	DOCTRINES
PREMIÈRE ÉPOQUE *Métaphysique* (Théisme et religion des 15 premiers siècles).	1re Phase : Métaphysique	0 à 450	Épanouissement du monothéisme dont le germe était dans le judaïsme et les mystères antiques.	*Chrétiens, gnostiques, cabbalistes, néopythagoriciens, néoplatoniciens, stoïciens.*
			LACUNE OU SUSPENSION PAR L'INVASION BARBARE	
	2e Phase : Intellectuelle	1050 à 1300	Développement du germe du 2e principe, qui s'épanouira dans la 2e époque.	*Scholastiques* St Anselme, Abailard, Duns Scott, St Thomas, Buridan, etc.
	3e Phase : Naturaliste	1250 à 1600	Développement du germe du 3e principe, qui s'épanouira dans la 3e époque.	(Albert le Grand, précurseur) *Les alchimistes,* Paracelse, *les académies scientifiques.*
DEUXIÈME ÉPOQUE *Intellectuelle* Rationalisme : XVIIe, XVIIIe siècles. (première moitié du XIXe)	1re Phase : Métaphysique	1620 à 1700	Épanouissement du germe du 2e principe dans l'atmosphère du 1er formée dans la 1re époque.	**Descartes** *et les disputes religieuses*
	2e Phase : Intellectuelle	1750 à 1850	Épanouissement complet du 2e principe formant son atmosphère propre.	*Encyclopédisme, criticisme, dialectique et psychologie.*
	3e Phase : Naturaliste	1800 à 1860	Développement du germe du 3e principe dans l'atmosphère du 2e nouvellement formée.	*Les idéologues* Comte et le positivisme.
TROISIÈME ÉPOQUE *Naturalisme* XIXe siècle (seconde moitié)	1re Phase : Métaphysique (Naturalisme dogmatique)	1850 à 1857	Épanouissement du germe du 3e principe dans l'atmosphère du 1er à peine subsistante.	Comte, Proudhon, Büchner
	2e Phase : Psychologique	depuis 1859 environ	Même épanouissement dans l'atmosphère du 2e principe.	*La psychologie physiologique* Bain, Fechner, Wundt.
	3e Phase : Naturaliste	depuis 1860 surtout	Épanouissement complet du principe 3, formant sa propre atmosphère.	*Darwinisme* Hœckel, etc.

Quatrième Époque : *Synthèse.* — Spencer, Hartmann, Schopenhauer.

Sans nous attarder à plus de commentaires, remarquons seulement dans ce tableau :

1º Que ce que nous avons nommé plus haut le règne de Bacon se trouve dédoublé, on donnera plus loin les preuves à l'appui de ce dédoublement qui était nécessaire ici pour faire ressortir la 3ᵉ époque.

2º On voit que le mouvement évolutif est accéléré, ce qui est assez facile à comprendre puisqu'il correspond au développement de la pensée humaine dont les forces se multiplient en s'accroissant ; c'est un phénomène semblable à celui d'une force à action constante.

3º Le principe qui se développe entièrement dans chaque époque est celui dont cette époque porte le nom :

Le 1ᵉʳ dans la 1ʳᵉ époque ;

Le 2ᵉ dans la 2ᵉ époque ;

Le 3ᵉ dans la 3ᵉ époque.

Dans le même temps, les deux autres sont, soit en germe, soit en graine pour ainsi dire ; non pas disparus, mais concentrés, *enkystés*, pour reparaître au jour de la synthèse générale.

III

La même loi trinitaire va se retrouver encore dans l'antiquité classique.

Vers l'an 600, nous voyons l'ésotérisme de Pythagore et l'idéalisme de l'école éléatique, contemporaine d'une école naturaliste qui s'éteindra bientôt, sur-

vivante elle-même d'une époque antérieure, celle qui
a débuté à Orphée.

Vient ensuite vers 45o, Socrate, qui inaugure la
phase intellectuelle; toute la durée en sera remplie
par le dualisme propre au deuxième Principe, dualisme fortement accusé dès l'origine avec Platon et
Aristote; c'est au dernier qu'est réservé le succès le
plus durable.

L'école stoïcienne qui débute vers 3 10, est déjà toute
panthéiste, et cette époque finit, dominée par l'Épicurisme, qui, né à peu près à la même époque, ne disparaît que devant les développements du christianisme.

Voyez encore chez les Juifs le mosaïsme dégénérer
en deux sectes : les Pharisiens qui en veulent faire
une sorte d'exégèse, et les Saducéens qui, s'attachant
à la lettre, niaient l'immortalité de l'âme.

En Inde, la philosophie ésotérique des Védas dégé-
nère dans les trois systèmes bien connus (subdivisés
à leur tour en deux parties) :

1° *Mimansa* et *Vedanta*, philosophie de la révélation ;

2° *Nyaya*, dialectique de Gotama, et *Vaiséchïka*
(de l'individualité) de Kapila, philosophie de la
raison ;

3° *Yoga*, de Patandjali, et *Sankhya* de Kapila,
philosophie de la nature.

Le bouddhisme, religion du principe humain,
protestantisme de la religion des Brahmes, se partage
à son tour en trois sectes : *Aisvarikas*, les théistes
de l'École du Nord (1er principe); Svabavikas, matérialistes de l'école du Sud (3° principe) ; et entre eux

les moralistes partisans du *Karma* ou Karmikas (1).

Mais nous pouvons étendre davantage cette induction en parcourant dans toute son étendue l'histoire de la pensée humaine.

L'ère chrétienne, qui débute par le messianisme de l'*Homme-Dieu*, ne représente-t-elle pas clairement l'épanouissement du principe intelligible? D'autre part, est-ce une erreur que d'attribuer le caractère métaphysique à l'antiquité la plus reculée de l'histoire, celle qui embrasse l'Inde, l'Asie et l'Égypte? L'ère de ce principe métaphysique se termine avec le triomphe des races européennes, auxquelles l'Asie transmet, en expirant, le flambeau de vie et de lumière : selon la grande loi de l'ésotérisme, l'Initié tue l'Initiateur.

Le Principe humain commence son règne avec la

_____

(1) L'uniformité de ces évolutions apparaît immédiatement sous la forme suivante :

On pourra retrouver la même répartition dans bien d'autres détails, comme la série des religions, celle des hérésies chrétiennes, celle des écoles sensualistes, etc., etc.

Grèce et Rome pour l'achever avec l'ère chrétienne ; il est alors à son apogée (1).

La première partie de ce règne, qui est celle du savoir théologique, synthétique et absolu, se partage comme suit :

1re époque, théocratique (vers 1300) :

Orphée chez les Grecs.

Moïse, chez les Asiatiques ; c'est aussi le temps fabuleux des demi-dieux et des héros.

2me époque, intellectuelle (vers 600) :

Pythagore, Esdras, Confucius, Bouddha ; c'est l'époque où la philosophie triomphe, mais sans se séparer de la religion : Platon et Aristote en sont les grands maîtres.

3me époque, réalisatrice et épicurienne (vers 200) :

L'Empire romain.

Deux grands Initiés apparaissent vers la fin : Odin et Apollonius de Tyane.

On a vu tout à l'heure dans un tableau plus détaillé, comment l'ère chrétienne se déroule d'après la même loi.

On pourrait peut-être la distinguer encore dans les ténèbres des temps presque préhistoriques :

L'Inde des Védas représentant le principe métaphysique absolu.

---

(1) *Conformément* à la règle signalée plus haut, que l'épanouissement complet d'un Principe, dans le cours d'une époque se produit, dans la phase correspondante au principe qui donne son nom à cette époque : le règne du principe humain dans l'ère chrétienne doit donc avoir son apogée dans la deuxième époque qui est celle du christianisme.

5.

L'Asie centrale, avec les Zoroastre, donnant le dualisme du Principe intellectuel.

La Chaldée et surtout le naturalisme transcendant
de l'Égypte, finalement dégénéré en sabéisme et féti-
chisme, sont les représentants du principe naturaliste;
c'est d'eux que doit procéder la Grèce, qui profite de
leur synthèse finale, renouvelée par les initiés du sanctuaire.

En admettant cette dernière interprétation, notre
loi se formulerait dans sa plus grande généralité par
le tableau ci-contre.

Mais un autre problème s'offre maintenant à nos
recherches :

Où est le moteur de ce mouvement cyclique?

Est-ce la révélation du principe supérieur ?

Est-ce l'école philosophique ?

Est-ce l'instinct passionnel de la société ?

TABLEAU GÉNÉRAL DE L'ÉVOLUTION PHILOSOPHIQUE

DANS LES TEMPS HISTORIQUES

RÈGNES	ÈRES	ÉPOQUES	CARACTÈRES	DATES
Règne méta-physique (Théocratie)	ère métaphysique ère intellectuelle ère naturaliste	1 L'Inde des Védas 2 Krishna, Zoroastre, Fohi. 3 La Chaldée et l'Egypte (de la deuxième période).	Formation du germe du 2ᵉ principe.	AVᵗ J.-C. 5.000 3.000 2.000
Règne intellectuel (Aristocratie depuis la monarchie jusqu'à la république constitutionnelle	ère métaphysique (l'antiquité classique de 2.000 à 0)	1 Orphée, Moïse. 2 Bouddha, Lao-Tseu, Pythagore, la Grèce classique. 3 Phénicie, Carthage, Rome. (Odin, Apollonius.)	Développement du germe du 2ᵉ principe dans l'atmosphère du principe métaphysique.	1.200 600 0
	ère intellectuelle (Ère chrétienne de 0 à 2.000)	1 Christ, Premier christianisme, Mahomet, Moyen âge. 2 Renaissance, révolutions religieuses et antireligieuses. 3 Temps actuels.	Epanouissement complet du germe du 2ᵉ principe formant sa propre atmosphère.	Après J.-C. 0 à 600 1.200 à 1.800 1.800 à 2.400 ?
	ère naturaliste	A naître de la synthèse qui terminera l'ère intellectuelle selon la règle commune à chaque ère.	*Fructescence et Dégénérescence* Formation des germes du règne suivant.	

Règne naturaliste { Avenir (fondé sur la synthèse du règne précédent, formant la
(Démocratie) { synthèse du règne suivant).

DEUXIÈME PARTIE

LES CONSÉQUENCES

CHAPITRE IV

Influence réciproque de l'École et du public.

SOMMAIRE: I. Solidarité de l'École et du monde. — II. L'École reçoit les impressions de deux sources : le monde et les principes supérieurs; son rôle est de les combiner. — III. Le Monde reçoit de l'École et réalise les Idées qui sont le fruit de cette élaboration. — IV. En dernière analyse l'Idée mène le Monde en s'avançant par la loi précédemment établie au-devant de chaque pas qu'il fait dans le progrès.

I

Il suffit de songer aux persécutions que l'Idée est presque toujours condamnée à subir de la part du public au milieu duquel elle naît, pour être assuré de sa puissance sociale. Le monde la redoute parce qu'elle est le moteur qui, sans cesse ni trêve, secoue son inertie naturelle, l'arrache aux douceurs énervantes de sa paresse et le jette, malgré lui, toujours en avant, toujours plus haut.

Cependant, pour faire une juste appréciation des rapports de l'Idée à l'Acte dans l'humanité, il faut bien se garder d'un rapprochement superficiel entre les doctrines de l'École et la conduite dans la société. On les verrait presque toujours en contradiction sinon en lutte, et ce spectacle des efforts gigantesques du génie en travail opposés aux passions illogiques, désordonnées, du monde social ferait aisément tomber dans un scepticisme plein de découragements dangereux.

Jetons d'abord un coup d'œil sur les divergences apparentes de ces deux éléments de l'humanité, en prenant encore pour exemple l'histoire de la philosophie moderne.

Le siècle que Descartes et Bacon inaugurent en portant le coup suprème à l'autorité de la révélation, en séparant l'École de l'Église, est rempli, dans la société, de disputes, de guerres et de persécutions religieuses. Il s'achève par la révocation de l'édit de Nantes et les dragonnades, après avoir vu la tète d'un roi protestant tranchée par l'épée d'un presbytérien, et l'Europe ravagée pendant trente ans par la guerre entre les deux Églises.

Il faut un siècle avant que l'esprit du spinosisme triomphe en Allemagne de l'influence française. Il en faut presque deux avant que l'heure du triomphe ne sonne pour la philosophie de Bacon.

D'autre part, ce ne sont ni Descartes ni Condillac que l'on entend acclamer dans la foule dirigée pourtant par leurs idées ; c'est Montesquieu, c'est Diderot, c'est Voltaire, c'est Rousseau ; ce sont les encyclopédistes qui reçoivent dans le monde le nom de philosophes

Ce n'est point Bacon qui triomphera dans l'expérimentalisme, c'est Adam Smith, c'est Ricardo, c'est
Watt, ou Stephenson, Bell, Eddison ou Eiffel ; ce
n'est point Comte ou Littré ; c'est à peine Proudhon ;
ce sont Cabet, Louis Blanc ou Karl Marx.

Ce n'est ni Bœhm ni Spinosa que l'Allemagne
invoque et suit ; c'est Lessing, c'est Strauss, c'est
Gœthe. Le souverain allemand qui, soit par lui-
même, autant qu'il le peut, soit par sa tradition soigneusement observée par ses héritiers, tend à étouffer
sous son despotisme militaire la nation pensive par
excellence, et y doit réussir, est aussi celui qui se
flatte le plus d'honorer, de protéger, d'imiter par la
parole ces philosophes mondains, apôtres de la
liberté la plus large ; et quand, au contraire, son successeur immédiat prétend traduire leurs préceptes en
institutions, c'est son peuple qui les refuse.

Autre remarque encore : Ce ne sont pas les doctrines mêmes du Maître, ni leurs dérivées qui inspirent l'action publique, c'est un mélange singulier de
doctrines contraires. On ne retrouve au xviii⁰ siècle
ni le théisme cartésien de Malebranche, ou tout au
moins le déisme de Leibniz, ni le sensualisme de
Locke ou de Condillac. Le spiritualisme servi alors
au public est un amalgame si flottant, si confus, si
instable, que celui même chez qui il semble le plus
rapproché du déisme, Jean-Jacques Rousseau, est
précisément celui au nom de qui s'effectueront les
actes les plus matérialistes, tandis que l'épicurisme
sceptique et délicat de Voltaire semblera guider la
réaction spiritualiste du siècle suivant.

De même l'Allemagne ne retient des admirables
spéculations de ses philosophes qu'un panthéisme
trop vague pour être approfondi, assez consistant
pour faire verser dans l'épicurisme matériel, ou une
« anthropolâtrie convertie bientôt en autolâtrie », et
dans cette doctrine de la toute-puissance de l'État qui la
courbe forcément sous le despotisme. Plus récemment
dans le néo-bouddhisme de Schopenhauer ou dans
le monisme d'Hartmann, elle n'aperçoit qu'un pessimisme sombre et désespéré, produit nécessaire du
déterminisme précédent.

Précisons davantage : plus une doctrine est rapprochée des principes les plus universels, plus son action
sur le public est lente et indirecte. La raison en est
simple : le peuple, ou, pour parler plus généralement,
l'*Action* a besoin de prendre pour guide de ses réalisations une doctrine à la fois simple, facile, complète
et propre à satisfaire ses besoins ou ses désirs actuels ;
les loisirs lui manquent pour la méditation ; c'est l'instinct qui décidera de son choix.

Il importera peu que la doctrine soit conséquente
en toutes ses parties, car les nuances n'en seront pas
appréciées ; les subtilités, les conséquences profondes
en seront négligées. Mais il faudra que le sentiment y
domine et, avec lui, la philosophie de rapport qui prépare les solutions pratiques. Les maîtres du peuple
seront donc ceux que nous avons classés dans le troisième ordre : religieux, moralistes, politiques, économistes, puis, avec eux, ces philosophes littérateurs
que nous avons dû négliger parce qu'ils n'appartiennent pas réellement à l'École : Voltaire, Gœthe,

Novalis, et quantité d'autres vulgarisateurs de génie ou de talent.

Plus un philosophe est éloigné de ce dernier ordre, ou, dans son ordre, de la deuxième classe, plus son influence est tardive et indirecte, mais plus elle est profonde et durable en même temps.

C'est pourquoi Spencer (notamment dans une étude fort remarquable sur Comte) a eu parfaitement raison de dire : « Les idées ne gouvernent ni ne bou-« leversent le monde : le monde est gouverné ou bou-« leversé par les *sentiments* auxquels les idées servent « seulement de guide (1). »

Seulement cette règle ne doit être acceptée que comme l'expression de la cause prochaine, immédiate de l'action, non comme celle plus éloignée et plus universelle.

Il est clair, en effet, que la majorité du peuple est conduite par la passion, l'instinct. Sa pensée suit la marche nécessaire que le chapitre précédent a fait res-sortir en traversant les formes sociales correspon-dantes de la monarchie, du gouvernement aristocra-tique avec garanties pour la liberté et de la démocratie avec le principe d'égalité. Les théoriciens qui l'inspirent doivent lui offrir une doctrine appropriée aux besoins actuels de son existence ; ils s'attacheront donc à ces besoins, ils s'en inspireront consciemment ou non. Par là l'École subira l'influence des passions pu-bliques ; c'est la littérature et les vulgarisateurs qui la lui transmettront, faisant l'office de doubles intermé-

(1) Voir *Revue scientifique* du 20 janv. 1872, n° 30, p. 701.

diaires. Cette influence du public sur l'école est même considérable : elle a pour effet d'y introduire le sentiment qui n'est pas le propre de sa nature. La *science* est, par elle-même, d'une sérénité complète ; elle ne s'attache qu'au *vrai*, à la certitude logique, quel qu'en soit le résultat ; au contraire, le public n'est guère sensible qu'au *beau* ou au *bien*, mais il l'est également au beau *général* et au beau *individuel*, au bien immatériel et au bien sensible. Plus l'école descend sur cette échelle, plus elle introduit en son sein de l'élément public et plus elle s'abaisse.

II

Ce n'est pas que cette fusion du sentiment et de la science ne soit juste, indispensable même, car, en principe, la réalisation résulte précisément de l'union du Savoir et de l'Être ; mais comme notre science est empruntée aux principes inférieurs de l'Être, c'est le sentiment supérieur qu'il faut y joindre, non l'inférieur, pour obtenir le progrès.

Or, l'École a d'autres sources d'inspiration bien supérieures au sentiment public, comme nous l'allons voir par quelques exemples.

Cherchons la filiation des principales écoles modernes.

En Allemagne, nous rattacherons facilement à Kant les idéalistes Fichte, Schelling et Hegel, puis Kant lui-même à Descartes, de qui Leibniz descend aussi, et même à un certain point de vue Spinosa.

C'est aussi de Descartes que dérivent Mendelsohn, Schleiermacher, Herbart même.

C'est à Bacon, au contraire (par Locke), que l'on pourra, en dernière analyse, rapporter les philosophies de Feuerbach, de Buchner, d'Hœckel, de Wundt même.

On pourra encore, à la rigueur, bien que plus difficilement, attribuer à l'influence de l'Église, protestante ou catholique, les doctrines de Jacobi ou de Baader ; rapprocher Schopenhauer de Spinosa, et ce dernier enfin principalement de Bœhm.

Mais l'originalité de celui-ci ne laisse apparaître aucun maître duquel il procède, ni dans l'Eglise, ni dans l'École, ni hors de l'École.

Quant à nos deux autres auteurs communs, Descartes et Bacon, ils s'expliquent par les temps antérieurs. Le premier met son génie au service du désir alors dominant dans l'École de s'affranchir de la révélation et de l'autorité ; il y achève la révolution que Luther a accomplie au sein de l'Église. Pour Bacon, c'est l'Italie de la Renaissance dont il développe l'esprit ; l'Angleterre avec lui hérite du sens pratique et dominateur de la Rome antique. Bacon formule les principes de l'Académie de Florence, de Telesio, de Campanella, de Galilée, de toute cette pléiade de savants italiens qui concourent puissamment à l'éclat de la Renaissance. Leurs précurseurs et leurs maîtres ont été Tycho-Brahé, Copernic, les Van Helmont, Cardan, Agrippa, Paracelse, c'est-à-dire *tous les synthétistes ésotériques* du xvi° siècle, qui se sont instruits eux-mêmes dans les *mystérieux sanctuaires de*

l'Orient. Ici encore nous arrivons donc à une source
originale qui ne surgit ni de la scholastique, ni d'Aristote, ni de l'Église, ni d'aucune des idées de nos
temps modernes.

Nous pourrions constater le même phénomène dans
l'antiquité ; il est facile de voir que tout s'y ramène de
proche en proche aux trois Écoles : ionienne (de Tha-
lès), dorienne ou italique (de Pythagore), et éléate (de
Xénophane), dont les deux premières dérivaient sans
contredit d'antiques sanctuaires, c'est-à-dire d'une
force entièrement distincte de l'opinion publique (1).

Ainsi l'École s'alimente à deux sources opposées ;
l'une indépendante, spontanée, supérieure, celle où
nous trouvons les ésotériques ; l'autre instinctive,
fatale, inférieure, l'opinion publique passionnelle.

Deux courants se rencontrent donc en son sein,
l'un subi, nécessaire, négatif ; l'autre positif, voulu ou
tout au moins librement accepté, qui est en même

---

(1) Notons même, à ce propos, l'analogie remarquable des deux
périodes, ancienne et moderne. C'est une nouvelle manifestation de notre loi principale ; ajoutons seulement entre ces
deux âges, l'éclosion bien plus grande, bien plus féconde et
bien plus libre encore du christianisme, et de toutes les écoles
qui l'accompagnent, marque évidente d'un cycle particulièrement important.

	PRINCIPES		
	MÉTAPHYSIQUE	IDÉALISTE	NATURALISTE
Dans l'antiquité (les mystères)	Dorienne Pythagore Platon	Éléatique Xénophane Socrate	Ionienne Thalès Aristote
Temps modernes (le christianisme)	Boehm	Descartes	Bacon

temps le plus important et le plus fort. La fonction
de l'École est de les combiner, d'après les lois que le
chapitre suivant fera ressortir, afin de reverser sur
la masse de l'humanité les lumières qui doivent la
guider dans son action quotidienne.

C'est ainsi que le cerveau reçoit les impressions
extérieures, les élabore, les soumet à l'empire de l'entendement ou de la raison et les traduit en ordres de
réalisation pour l'accomplissement de nos besoins et
de nos désirs. Le sentiment inférieur transmet ces
désirs et ces besoins à l'Intelligence, c'est-à-dire à
l'École, qui par elle-même et sous l'inspiration des
sentiments et de la connaissance supérieure, les élabore et leur donne leur expression raisonnable.

Cette réciprocité d'action est fort bien exprimée
encore par Spencer dans le passage cité un peu plus
haut, et dont voici la suite :

« Ce n'est pas l'anarchie intellectuelle, mais l'anta-
« gonisme moral, qui est la cause des crises politi-
« ques. Tous les phénomènes sociaux sont produits
« *par l'ensemble des sentiments et des croyances*
« *humaines : les sentiments sont, en grande partie,*
« *déterminés d'avance, tandis que les croyances ne le*
« *sont pas.* Les passions des hommes sont avant tout
« héréditaires, mais leurs croyances sont en général
« acquises. »

III

Une vue plus étendue de la société humaine peut
permettre de préciser davantage encore cette influence
réciproque en en faisant comprendre la marche.

Une analyse même superficielle fait apercevoir immédiatement dans tout peuple deux classes principales d'individus, ou si l'on veut, de cellules sociales, par analogie avec l'organisme vivant :

Les actifs, analogues aux globules sanguins, qui portent partout le renouvellement, la nutrition, la vie;

Les contemplatifs ou sensitifs, qui surveillent soit l'extérieur, soit l'ensemble de l'organisme, apprécient, avertissent, analogues aux cellules nerveuses. [1]

Le reste de la masse est formé de ceux que l'on peut appeler les neutres, routiniers qui se laissent vivre, instruire et conduire sans que leur conscience s'élève beaucoup au-dessus de l'instinct : leurs variétés correspondent assez aux cellules osseuses ou à celles du tissu cellulaire, aux fibres des muscles, aux globules de la lymphe. Ils forment le substratum des deux autres forces, la résistance sur lesquelles elles appuient leur action et qu'elles influent en même temps.

Les contemplatifs sont les éléments de l'École, ils mettent en œuvre intellectuelle, c'est-à-dire en idées, les impressions qu'ils reçoivent soit du dehors, soit de l'intérieur de l'organisme; les principes, les sensations et les désirs.

Les actifs réalisent les impressions que leur transmettent les contemplatifs : ils leur donnent une forme pratique et les livrent, avec l'impulsion qu'ils leur impriment, au travail de la masse neutre, comme un élément de vie et de satisfaction.

Il faut se représenter ensuite cet organisme complet d'un peuple comme plongé dans un milieu différent, milieu soumis à des lois propres à sa vie spéciale, modifiant par conséquent sans cesse l'organisme qui s'y agite. C'est de là que vient l'Idée pour le peuple ; elle le pénètre soit par la sensation qui se traduit en besoins et en désirs, soit par l'*inspiration ou intuition qui impose le devoir et la croyance* ; l'École est le *régulateur de cette double nutrition.*

Enfin, selon les temps, selon les milieux, selon les tempéraments, la plus grande somme de force sera tantôt dans le cerveau, tantôt dans le cœur, tantôt dans la chair, comme si le centre de gravité du système de ces forces était mobile. C'est-à-dire que pour le peuple, tantôt la puissance sera dans la tête, aux mains des contemplatifs, ce qui produira la théocratie et la monarchie absolue ;

Tantôt elle sera dans le cœur, aux mains des actifs, de la classe moyenne, qui se nomme elle-même, avec beaucoup de logique, classe dirigeante ; on aura alors un gouvernement représentatif plus ou moins aristocratique ;

Tantôt enfin la puissance passera à la masse pour se traduire en démocratie.

IV

Il est aisé par là de se représenter le cours d'une Idée dans l'humanité : D'où qu'elle vienne, la voici formulée dans le cerveau, à l'École. Une doctrine vient de naître ; les vulgarisateurs, poètes, artistes, apôtres de tous genres, qui sont les actifs parmi les contemplatifs, s'en emparent pour l'exprimer. Avec

eux déjà les nuances s'effacent; il ne restera plus que
l'essence de la doctrine nouvelle; encore cette essence
se trouvera-t-elle chargée de bien des impuretés dues
aux actions individuelles qu'elle a déjà subies. La
doctrine répandue va donc tendre fortement à l'indi-
vidualisation, et par conséquent à l'erreur, la vérité
complète n'étant que dans l'Un absolu.

Le public, la masse neutre et pratique pour qui la
théorie n'est rien ou à peu près, ne tardera pas à res-
sentir les souffrances de l'erreur qui lui a été trans-
mise, et à les exprimer par une réaction dont la
violence sera proportionnée au mal : alors la doctrine
devra faire place à quelque autre, sauf à renaître en
d'autres temps et dans d'autres formes.

La Révolution française avec ses actions et ses
réactions si précipitées est un exemple frappant de ces
effets de l'Idée; on sait quels systèmes en ont produit
logiquement les écarts.

Une doctrine sera donc d'autant moins viable
qu'elle sera plus spécialisée, moins synthétique; aussi
peut-on voir que celles qui ont produit sur les peuples
les influences les plus profondes et les plus durables
sont celles qui provenaient des philosophes ésotériques. C'est pourquoi la source supérieure de l'Idée
dans le monde est dans cette classe des *Grands Initiés*
sur lesquels M. E. Schuré a publié récemment une
si remarquable étude : Orphée, Moïse, Odin, Christ,
pour se borner à l'Occident, ont tous inauguré une
ère nouvelle pour quelque portion immense de l'humanité.

C'est en ce sens étendu qu'il faut dire que l'Idée

mène le monde. Il s'avance, il est vrai, il s'élève vers la Vérité par le travail constant des neutres, stimulés gouvernés par les actifs, et dans ce sens, de bas en haut, c'est le sentiment qui le mène.

Mais la loi établie par les chapitres précédents montre, et les chapitres suivants achèveront de démontrer, que l'Idée, le VERBE, s'abaisse, s'avance au-devant de chacun des pas du monde par l'intermédiaire des génies les plus sublimes de l'humanité, de ceux que l'antiquité nommait, avec pleine raison, des demi-dieux puisqu'ils réunissent en leur haute personnalité la science au sentiment, l'activité à la contemplation, et se développent jusqu'à atteindre les régions des principes immédiats inabordables au reste des humains.

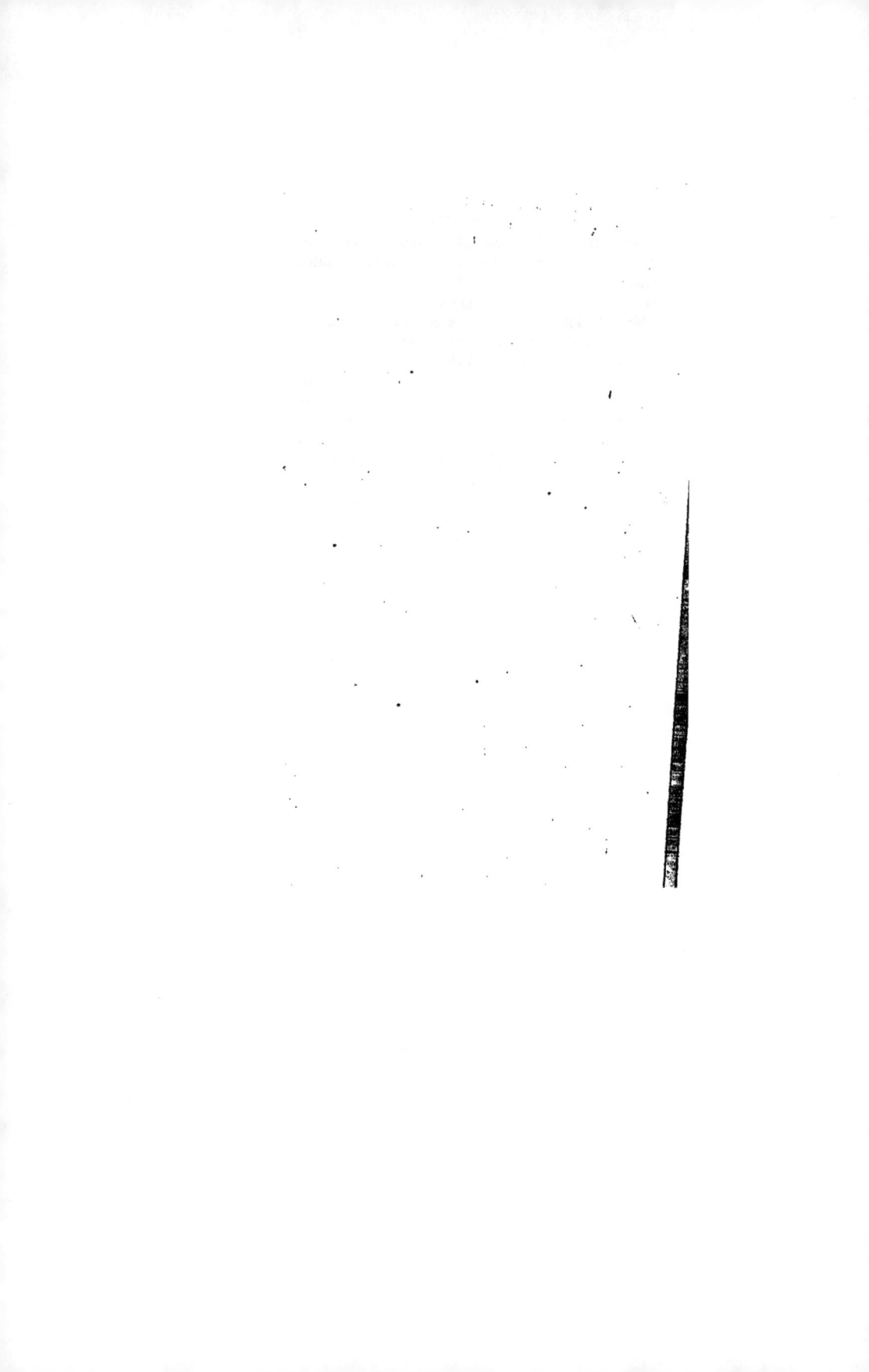

CHAPITRE V

L'Idée dans l'École

SOMMAIRE : I. D'après l'histoire, l'impulsion vient de synthétiques plus ou moins initiés. Le travail se divise ensuite
entre les nations suivant leur tempérament. — II. Détails du
mouvement dans ses diverses phases, confirmant la loi générale et montrant les luttes dues à la transition d'un Principe
à l'autre. — III. Conséquences relatives à l'Ecole. Modes de
génération des systèmes. Périodes de leur existence et leurs
puissances relatives. Leur mort et ses effets. Vitalité et caractère spécial de l'Esotérisme.

I

C'est à l'intérieur de l'École qu'il faut s'attendre à
rencontrer les mouvements les plus tumultueux et les
plus variés de la pensée, parce qu'elle y est affranchie
de la pratique ; tandis qu'au dehors ils seront plus
rares, mais plus violents aussi. C'est ainsi que sur les
Océans, la mobilité des vents rend leurs tempêtes
beaucoup plus fréquentes, mais moins redoutables
que le déchaînement des flots.

Reprenons encore l'histoire de la philosophie moderne pour la commenter dans ses détails secondaires;
ils vont nous montrer comment l'Idée y a évolué à
l'intérieur des trois périodes principales.

De 1450 à 1600, au fond de l'effervescence intellectuelle de la Renaissance, nous trouvons, comme il a été remarqué tout à l'heure, la riche pléiade des synthétiques plus ou moins initiés : Marcile Ficin (1460), Pic de la Mirandole (1480), Reuchlin (1490), Copernic (1500), Paracelse (1520), Agrippa (1530), Cardan (1540), Fludd (1550), Telesio (1565), Tycho-Brahé (1570), Patrizzi, patronné par le Pape (1575), Giordano Bruno (1590), Campanella (1590), et enfin Bœhm (1600). Pour se représenter l'activité de ce temps, il faut se rappeler la plupart de ces hommes de génie parcourant en tous sens l'Europe civilisée, quelquefois même l'Orient pour aller enseigner et prêcher au prix de fatigues inouies, à travers mille tribulations, au prix même de leur vie bien souvent menacée par l'acharnement de redoutables adversaires. Nous avons noté d'ailleurs leur caractère réalisateur, naturaliste, pratique (se référant au principe sensible) par comparaison avec leurs prédécesseurs immédiats : Saint Bonaventure, Albert le Grand, saint Thomas d'Aquin, Raymond Lulle (de 1250 à 1300), au milieu desquels Roger Bacon est comme le précurseur du xvii⁰ siècle, puis en remontant plus haut Jean Duns-Scott, Ockam et Gerson qui ont terminé leur période comme Bœhm couronne celle qui nous occupe. Ceux-là étaient surtout des dialecticiens attachés au principe intelligible.

Il s'est donc fait parmi tous ces initiés, maîtres en leur siècle, une évolution très nette dans le sens du mouvement général descendant, évolution qui précède et annonce celle de l'École proprement dite.

Après ce mouvement, il semble que le sanctuaire

se referme complètement ; les initiés qui le représentent sont beaucoup moins éclatants ou se font plus rares. Ils apparaissent seulement aux débuts des trois périodes principales, indiquant ainsi par leur présence la constance et la régularité de leur action (Henri More, Comenius, Pordage, Poiret, Mme Guyon, de 1650 à 1680 ; Swedenborg, Pasqualis, Saint-Martin de 1730 à 1770 ; Fourier, Pierre Leroux, Reynaud, de Toureil, de 1830-1840 ; ceux-ci à peine initiés, instinctifs plutôt).

Ils s'entourent surtout de beaucoup plus de mystère ; c'est la période des Rosecroix (depuis 1630), des Illuminés (1780), de la Franc-Maçonnerie.

Par contre, l'École reprend une activité toute nouvelle avec Bacon, Descartes et Spinosa, et le triple courant décrit plus haut.

Un esprit nouveau s'est emparé de l'École, celui d'affranchissement de tous liens traditionnels et d'investigation à outrance, ressenti différemment par ses trois grands maîtres et, aussi, par les trois nations qu'ils personnifient : Spinosa voudra que l'étude descende, par déduction, des axiomes spirituels ; Descartes la rattachera aux *idées innées*, instinct de l'esprit humain, et, par suite, au *bons sens* ; Bacon n'attendra la certitude que d'une étude approfondie des phénomènes.

La vérité n'est assurément que dans l'union harmonieuse de ces trois puissances, union observée, respectée soigneusement par les *Grands Initiés* de tous les âges. Elle se reconstituera par la suite ; les chefs-d'œuvre de la philosophie moderne en sont

6.

garants; mais il fallait maintenant que le travail fût divisé afin que le fruit s'en multipliât et se répandît plus abondamment dans l'humanité.

L'école se partage donc en trois classes et l'ordre de leur succession est facile à prévoir.

Le présent appartiendra à celle de Descartes qui représente par excellence le principe intellectuel nouvellement affranchi : Descartes sera longtemps le plus influent.

Spinosa, qui se rattache au passé, exercera une puissance moins universelle, moins publique surtout, mais plus profonde; on peut le supposer appelé à jouer un rôle important dans le mouvement final; la prédominance du panthéisme, le succès du monisme d'Hartmann de nos jours, semble l'annoncer; c'est que Spinosa se rattache au Principe supérieur de qui vient et à qui retourne l'Unité.

Bacon, au contraire, sera plus effacé au début de notre période, mais c'est à lui qu'appartient l'avenir le plus prochain. Sa doctrine est flottante, mal assurée, mais ses nombreux partisans travaillent modestement et patiemment dans l'ombre, amassant des trésors de génie qu'on sera quelque jour tout étonné de voir s'élever triomphalement au milieu des autres écoles abattues : nouveaux Titans, c'est en entassant lentement les monts terrestres qu'ils vont escalader le ciel.

Un caractère commun rapproche cependant ces trois classes de l'école, c'est que la méthode est non seulement modifiée complètement, mais scrutée, étudiée, rectifiée sans cesse. Point essentiel dont l'importance apparaîtra bientôt.

Insistons maintenant sur ce qui va se passer dans chaque classe et dans chacune des nations correspondantes, afin de nous expliquer leurs rôles respectifs.

On se rappelle qu'elles correspondent à trois tempéraments bien distincts sur lesquels il est inutile de revenir davantage. Sans descendre non plus dans le détail des nuances qu'il faudrait faire ressortir pour une étude plus complète que celle entreprise en cet essai, contentons-nous de juger le mouvement de nos écoles d'après la subdivision secondaire de leurs doctrines. Nous partagerons celles-ci en deux selon ce que l'on pourrait nommer leur degré de pureté, c'est-à-dire selon qu'elles s'attachent plus spécialement au principe même ou à ses conséquences plus médiates : dans le dernier cas, une doctrine prend une position intermédiaire entre son principe propre et le suivant.

Une conséquence de cette division est de faire ressortir cette remarque qui nous sera fort utile tout à l'heure que le deuxième degré du principe naturaliste est intermédiaire entre ce principe lui-même et celui métaphysique, car les trois principes forment non une ligne finie qui correspondrait à l'hypothèse toute gratuite de la prépondérance de l'un d'eux, mais un circuit fermé dans lequel chacun est intermédiaire entre les deux autres. Ce n'est point là, du reste, une conséquence artificielle, il en est bien ainsi dans la nature, comme le montrent assez les systèmes de Spencer et d'Hartmann.

Considérée à ce point de vue, la France nous apparaît, pendant la période que nous étudions, comme dépourvue de représentant du principe métaphysique pur. Le spiritualisme rationaliste de Descartes n'est que le second degré de ce principe.

Celui intellectuel pur apparaît avec l'introduction de la philosophie écossaise par Maine de Biran, l'école éclectique.

Saint-Simon, Comte qui viennent ensuite, par le physicisme conclure à l'anthropolâtrie, sont intermédiaires entre le deuxième et le troisième principe. Celui-ci a son expression pure avec quelques matérialistes modernes : Robin, Lelut, Letourneau.

Mais l'intermédiaire entre le principe naturaliste et celui métaphysique, la synthèse générale de la science, manque en France aussi bien que le principe spirituel pur.

En Allemagne, au contraire, la période débute par Bœhm; après lui, le principe intellectuel pur s'affirme avec la plus grande netteté par Kant et ses successeurs jusqu'à Hégel.

Le principe matérialiste n'est pas moins fortement accusé avec Feuerbach et Buchner, mais deux intermédiaires font défaut, soit entre les deux premiers, soit entre le deuxième et le troisième principes.

La synthèse y a, au contraire, deux représentants très remarquables en Schopenhauer et Hartmann.

Enfin l'Angleterre présente encore un autre aspect : on n'y trouve aucun des trois principes dans toute sa pureté (1). On y débute par l'intermédiaire entre le

---

(1) Cudworth est spiritualiste par le médiateur plastique; Berkeley est idéaliste par le sensualisme, presque kantiste; Whewel est celui qui s'approche le plus d'un principe pur, mais il est plutôt écossais qu'idéaliste.

rationalisme et le naturalisme : Bacon correspondant
à Comte. Après lui, la philosophie suit un mouvement inverse de celui des autres nations; elle
remonte vers le rationalisme, par l'École écossaise,
d'abord, qui correspond à Descartes, puis par Stuart
Mill qui ne saurait être caractérisé que par des
nuances plus délicates, car il est intermédiaire entre
Bacon et le principe naturaliste; c'est un positiviste
idéaliste. On ne s'étonne donc pas de trouver après
lui le grand synthétiste naturaliste de notre temps,
Spencer, correspondant, avec sa nuance propre, à
Schopenhauer et à Hartmann.

Ces particularités apparaîtront aisément par le tableau suivant :

PRINCIPES :	NATIONS		
	ALLEMAGNE. (tempérament contemplatif).	FRANCE. (tempérament rationaliste).	ANGLETERRE. (tempérament réalisateur).
Spirituel.	Bœhm.		
Intermédiaire.		Descartes.	
Intellectuel.	Kant, Fichte, Schelling, Hegel.	Maine de Biran, Cousin.	Ecole Ecossaise.
Intermédiaire.		Comte.	Bacon. Stuart Mill.
Naturaliste.	Buchner.	Robin, Letourneau, Lelut.	
Intermédiaire.	Schopenhauer, Hartmann.		Spencer.

On voit comment le travail est distribué entre les
nations :

L'Allemagne développe les trois principes fondamentaux qu'elle parcourt sans transition ; elle se livre principalement à la philosophie du savoir.

La France s'attache surtout aux méthodes, fournissant successivement celles de Descartes, de l'éclectisme et du positivisme ; elle pénètre à peine dans la philosophie de l'Être, tout attachée qu'elle est au principe humain ; ses sensualistes sont des psychologues.

C'est le principe naturaliste que l'Angleterre a spécialement développé, et dans son sens le plus avancé, c'est-à-dire pour le rapprocher du principe spiritualiste après lui avoir fait traverser pour ainsi dire un instant le principe rationaliste ; son génie est tout entier dans l'illustre Stuart Mill, disciple de Comte en même temps que de Descartes, par Locke et Berkeley ; sa magnifique synthèse des méthodes fondées sur le baconisme a été presque immédiatement sanctionnée par l'œuvre hardie de Spencer.

Nous approchons, par là, de bien près la synthèse générale ; il reste à fondre l'œuvre que l'Angleterre, secondée par l'élaboration française de la méthode, a édifiée sur les bases du monde sensible, avec celle que l'Allemagne a suspendue pour ainsi dire au ciel. Or ce travail de fusion s'avance déjà plus qu'on ne semble le penser généralement.

II

Pénétrons maintenant un peu plus avant dans la vie de l'École pour en observer de plus près les mouvements de détail et leurs causes, en nous bornant toutefois aux grands systèmes, ceux qui sont comme la charpente de l'édifice, sans tenir compte ni des ésotériques, ni des synthétistes, ni des vulgarisateurs.

Laissons tout d'abord Bacon, avec son disciple Hobbes, ainsi que Spinosa dans l'oubli où leur temps les laisse grandir pendant près de cent cinquante ans, et suivons la fortune du système cartésien.

La méthode de Descartes va rester indiscutée et dominante pendant tout le temps qui nous occupe.

Au contraire, ses doctrines sur les autres questions du Savoir qu'il n'avait pas approfondies, ou sur l'être qu'il avait beaucoup étudié, vont faire l'objet d'une série progressive de variations très remarquables.

A peine Descartes, en 1640, a-t-il produit son mécanisme, qu'il en résulte deux systèmes absolument contraires ; l'un, né de l'opposition (1645), l'autre, œuvre d'un disciple qui pousse la doctrine du Maître à ses conséquences extrêmes (1674). Et quel est le résultat ? Le sensualisme épicurien facile et réservé de Gassendi étouffe les inadmissibles causes occasionnelles de Malebranche ; on passe du Principe intelligible au Principe naturaliste ; mais ce n'est point pour y rester.

Locke (1690), qui succède à Gassendi, revient au rationalisme, teinté seulement de sensualisme. Leibniz (1714), par sa *Théodicée* et sa *Monadologie* fait un pas de plus vers le spiritualisme en s'arrêtant toutefois au système intermédiaire de l'éclectisme. L'idéalisme absolu de Berkeley (1713) achève cette progression qui a ramené l'école de Gassendi à Malebranche.

Le même mouvement d'oscillation va continuer. De Berkeley, nous revenons au sensualisme de Hume, de l'idéalisme au naturalisme (1728), comme on avait passé de Descartes à Gassendi.

Après Hume, c'est le rationalisme de Reid que nous rencontrons (1739), et son successeur au pouvoir est l'idéaliste Condillac (1754) (1). Voilà accompli une deuxième oscillation semblable à la première ; le même saut va se reproduire vers le naturalisme sensualiste : Destutt de Tracy et les Idéologues (1800 à 1810).

Seulement, il semble que la pensée, à mesure qu'elle traverse le sensualisme, en est attirée davantage. L'idéalisme de Condillac, à la différence de celui de Malebranche, est si près du naturalisme que ses successeurs sensualistes seront des disciples au lieu d'adversaires ; ils n'auront qu'à développer sa doctrine pour la faire verser dans l'extrémité contraire.

Après quoi nous observons encore une troisième oscillation pour terminer cette première phase : Laromiguière (1811 à 1813) ramène l'idéologie sensualiste au rationalisme que Maine de Biran et Cousin portent jusqu'à l'éclectisme.

(1) Sensualiste sur la question d'origine du savoir, Condillac finit par conclure à l'idéalisme en affirmant que ce n'est jamais que notre propre pensée que nous apercevons. « Diderot... en « faisant un rapprochement ingénieux entre Condillac et Berkeley, remarque avec raison que cette maxime contient le « résultat du premier dialogue de Berkeley et le fondement de « tout son système. » (Dictionnaire de Franck, sur Condillac.)

Le tableau suivant montre aux yeux l'ensemble de cette double série.

DATES		IDÉALISME	ÉCLECTISME	RATIONALISME	NATURALISME	OBSERVATION
1640 1645 1674 1690 1714	1ᵉʳ Temps *Le Spiritualis- me domine* (1ᵉʳ principe)	» Malebranche » Berkeley	» » » » Leibniz	Descartes » » Locke »	» » Gassendi » »	Pendant ce temps Bacon et Spinoza res- tent dans l'ombre.
1728 1739 1754	2ᵉ Temps *Psychologie* (2ᵉ principe)	» » Condillac	» » »	» Reid »	Hume » »	
1800 1810 1817 1829	3ᵉ Temps *Idéologie* (3ᵉ principe) *Transition*	» » » »	» » Maine de Biran Cousin	Laromiguière » »	Les Idéologues » » »	En même temps réac- tion en Alle- magne.

Nos trois temps successifs se retrouvent encore pour diviser cette petite période, et ils se subdivisent aussi de la même manière, mais en sens inverse (naturalisme, rationalisme, idéalisme). La traduction de cette remarque en règle est que, dès ce moment, le principe naturaliste attire constamment, pour l'absorber, le principe spiritualiste qui se défend avec acharnement, mais va s'affaiblissant au profit de son adversaire. On peut encore interpréter ce mouvement par la tendance de l'homme vers l'idéal, même du fonds de la nature concrète.

Dans le troisième temps, le cartésianisme perd son caractère international; la pensée va se subdiviser entre les trois peuples : l'Allemagne, réagissant énergiquement contre les idées françaises, passe de Des-

7

cartes à Spinosa ; l'Angleterre va s'attacher plus particulièrement à la méthode expérimentale. C'est le règne de Bacon qui va commencer.

En même temps, la philosophie passe de l'étude du *Savoir* à celle de *l'Être* qui va prédominer. La psychologie se fondera sur la science de l'Être concret, la physiologie, au lieu de conclure du Savoir à l'Être.

Le mouvement va s'accélérer rapidement dans la seconde partie de notre période, à partir de 1830 ; son effet est de refaire bientôt sur le terrain du principe naturaliste l'unité que nous venons de voir se briser entre nos trois nations.

L'Allemagne qui vient, en un siècle, de s'épuiser d'un premier effort sur la succession de Spinosa, passe brusquement de ces inspirations de haute métaphysique dans le matérialisme le plus décidé, dès 1845.

L'Angleterre ; toujours attachée au fond à Bacon, même durant le règne de Descartes, sera naturellement la première à le faire triompher maintenant que son heure est venue. Stuart Mill (1843) achève avec une finesse et une profondeur supérieures à celles de Descartes, la méthode restée jusqu'alors assez vague, même sous la plume de Comte ; grâce à lui l'Angleterre évitera la lourde chute où l'Allemagne s'est laissé entraîner, et sera plus apte à asseoir la synthèse sur le monde sensible.

Toutefois la réaction ne fait défaut ni dans l'une ni dans l'autre nation. Ici nous trouvons Whewel (1848-1856) savant défenseur de l'apriorisme, digne adversaire de Stuart Mill qui l'avait été grande

estime; là, nous avons Wundt et Lotze (1860) qui
retrouvent le principe idéal jusque dans la physiologie
psychologique devenue chère aux Allemands.

Le même mouvement ne pouvait pas s'opérer aussi
simplement dans le pays du spiritualisme cartésien ;
c'est ici que nous allons trouver toutes les nuances
propres à faire comprendre la marche de l'Idée.

La période contemporaine s'y ouvre en plein spiritualisme ; l'éclectisme se croit à jamais assuré de la
prépondérance; à côté de lui se développe la bril-
lante pléiade des néo-catholiques : Lamennais (1817-
1830), Lacordaire (1830-1845), de Bonald (1820),
l'abbé Bautain (1833 à 1840) ; ils vont presque
jusqu'à l'ésotérisme avec Ballanche (1814), Bordas
Desmoulins (1843-1856) et Buchez (1840).

Puis, par une réaction proportionnée à cette explo-
sion, la philosophie tombe dans le physicisme de
Saint-Simon (1824), et surtout dans le positivisme
de son disciple Comte (1840).

Dès ce moment, malgré les savants efforts de
l'école éclectique, le spiritualisme est vaincu pour
longtemps ; le positivisme décline rapidement vers
un matérialisme mal déguisé avec Littré et Robin; la
psychologie physiologique anglaise; l'anatomisme et
le déterminisme allemands envahissent l'école française et y triomphent.

Un seul synthétique subsiste inébranlé. Vacherot;
précurseur de qui la doctrine semble attendre déjà à
côté de celles des Spencer et des Hartmann la phase
suprême de cette période.

III

Rassemblons tous les enseignements qui ressortent de cette analyse.

Ce n'est pas assez d'avoir constaté que les systèmes ne s'entassent pas en désordre sur les débris des systèmes écroulés; nous devons encore dans leur série reconnaître des causes et des raisons d'être, observer comment les doctrines naissent et meurent et ce qu'il en doit résulter.

Nous les avons vu surgir de deux façons différentes, soit spontanément ou, pour mieux dire, sans cause apparente dans le milieu actuel, comme celles de Descartes, de Bacon, de Comte; soit engendrées par une école préexistante, ce qui est le cas de beaucoup le plus fréquent.

Cette génération, à son tour, se fait de plusieurs manières : Elle est directe quand un disciple développe en considérations nouvelles les doctrines de son maître; c'est ainsi que Platon procède de Socrate; Malebranche de Descartes.

Elle est indirecte quand elle a sa source dans l'opposition d'un adversaire; c'est ainsi que Gassendi procède de Descartes : Berkeley de Locke, Whewel de Stuart Mill.

Nous avons trouvé ces deux cas à peu près en égale quantité.

Nous avons aussi rencontré un troisième mode de génération, celui où une doctrine se réclame de plu-

sieurs autres à la fois ; c'est l'origine des doctrines
synthétiques ; l'encyclopédisme et l'éclectisme en
sont une variété ; l'ésotérisme en est le type pur. Il
faut remarquer d'ailleurs que l'origine véritable est
alors dans l'esprit d'*Unité* qui est comme l'âme du
système, et non dans les écoles qu'il rassemble, lesquelles ne fournissent que le corps ; par là ces sortes
de doctrines se distinguent tout à fait des précédentes ;
on peut dire qu'elles proviennent d'une genèse, les
autres étant dues à une génération dite spontanée ou
à un bourgeonnement.

C'est vers le premier de ces modes de génération,
la genèse, que l'Idée tend toujours, comme le fait la
vie dans la nature. On la rencontre à tous les temps ;
elle forme à travers les âges la grande famille des ésotériques, des initiés et des synthétiques ; cependant sa
rareté relative nous montre que la pensée humaine est
loin encore de la perfection dont elle est susceptible.

La vie de l'école nous offre la même variété de
tempéraments que tout ensemble d'êtres organisés.

Le créateur de systèmes, le chef d'école, le disciple,
l'apôtre, le vulgarisateur, le réalisateur, se ramènent
aux distinctions déjà rencontrées en dehors de l'École,
qui partagent les hommes en contemplatifs, actifs et
neutres, et qui constituent comme l'esprit, l'âme et le
corps.

Les premiers sont les maîtres ; les seconds (actifs)
les apôtres et vulgarisateurs ; les troisièmes sont les
disciples proprement dits et les élèves qui se conten-
tent d'entretenir avec plus ou moins d'habileté la
doctrine du Maître.

L'influence de celui-ci varie avec ses qualités, lesquelles correspondent aux modes de génération. Les moins puissants sont ceux dont la doctrine est née par bourgeonnement ; ils ne font que poursuivre une vie précédente. Il en est autrement des écoles spontanées ; celles-là correspondent ordinairement à la philosophie du Savoir et plus particulièrement à la méthode. Elles apparaissent lorsque l'esprit humain se sent égaré à travers les erreurs de quelque doctrine éclatante. Chacune des grandes époques de la philosophie commence par une méthode qui domine toutes les classes ;

Méthode empirique ; les écoles ionienne et éléatique.

Après les sophistes, méthode dialectique ou déductive de Socrate.

Elle se poursuit jusqu'au christianisme.

Avec l'ère chrétienne, la méthode empirique précédée même de celle mystique reprend l'autorité pendant dix siècles.

La méthode *dialectique dogmatique* remise en honneur par saint Anselme régit toute la scholastique jusqu'à ce qu'elle succombe.

Alors surgit la méthode *dialectique analytique* qui nous amène, comme nous l'avons vu, aux difficultés de l'idéologie et de l'éclectisme.

Puis enfin la méthode positive qui domine actuellement le mouvement philosophique.

Après la philosophie de méthode, c'est celle des encyclopédistes et des éclectiques qui possède le plus d'influence ; il suffit, pour s'en convaincre, de se rappeler d'une part l'autorité d'Aristote à travers les

âges, de l'autre, ce que nous avons observé dans le
chapitre IIᵉ au sujet des éclectiques. Leibniz peut
être cité comme le plus grand d'entre eux; son exemple
montre, en même temps, comme il a été remarqué,
que l'éclectisme par la nature même de son action
est rarement de longue durée.

L'influence la plus profonde appartient évidemment
aux synthétiques proprement dits, bien qu'il leur
arrive souvent d'être méconnus de leur temps. Il
suffit de rappeler les noms de Pythagore, de Platon,
des Alexandrins, de Spinosa. La raison en est qu'ils
réussissent au moins en partie à unir les trois principes dans des proportions harmonieuses; leurs doctrines persistent ainsi à travers les âges avec des
nuances plus ou moins prononcées selon qu'ils
s'éloignent du centre idéal unique, mais aussi avec
un fonds commun de principes qui étonne toujours
l'intelligence humaine par sa grandeur, alors même
qu'elle ne réussit pas à s'en faire accepter.

Enfin, pour compléter le tableau de la vie d'une
doctrine, il reste à rappeler ce qui a été montré au
chapitre IIᵉ que cette existence se partage en trois
grandes époques ; *de foi* en l'Idée qui sert de base à
la doctrine ; *d'analyse* de cette idée, et de *science* ou
connaissance complète.

La mort de toute école trouve son explication dans
ces mêmes principes.

C'est une loi générale facile à constater dans
l'univers que l'*individu* est mortel , par opposition à la *synthèse*. On peut formuler cette loi en
disant que, pour l'être individuel l'égoïsme est une

condamnation à mort; il n'y a de salut pour lui que dans une synthèse appropriée à sa nature, et propre à le conduire dans l'avenir à un degré toujours plus élevé d'existence. C'est là une des plus belles lois que Spencer ait formulées dans ses *Premiers principes* : la segmentation de toute masse en parties multiples qui se rassemblent ensuite en différents groupes homogènes de façon à constituer des organes. Seulement Spencer, qui s'est condamné d'avance à ne point s'élever en dehors du monde sensible, n'a pas développé toute l'étendue de cette loi. Il fait suivre l'organisation de la mort dont la reproduction est une forme, loi fort juste encore et pleine d'harmonies pourvu qu'on la complète. La mort qui suit la coordination individuelle est la mort de la *personnalité*, non de l'*individualité*, laquelle périt précisément en vue de son union à une synthèse plus élevée. La mort produit toujours un double résultat : un squelette qui reste dans le milieu où l'organisme a vécu, comme un témoin pour la mesure des progrès à venir; une âme qui persiste comme un principe pour des organismes supérieurs.

C'est ce que l'ésotérisme renferme dans l'aphorisme connu : « L'Initié tue l'Initiateur ».

C'est en vertu de cette loi que la Nature épuise le reproducteur souvent jusqu'à la mort. C'est par elle que l'évolution darwinienne peut se comprendre comme le principe vivant du monde; que l'utricule se fait animal, que l'animal devient Homme, que l'homme devient ange.

C'est par elle que se produit, à l'École, le passage

sériel à travers les trois principes, signalé dans le chapitre II°. Voici comment :

Quel que soit le génie d'un fondateur d'école, il ne peut jamais embrasser toutes les conséquences de sa doctrine; ce sont les disciples qui l'achèvent. Ce travail les amène toujours à quelque question dont la doctrine ne comporte pas la solution ou pour laquelle elle fournit une réponse inacceptable parce que cette doctrine est spécialisée. Ses points faibles ainsi mis à découvert, elle est bientôt prise d'assaut par ses adversaires toujours en éveil.

Tel est le résultat qu'ont produit l'idéalisme de Malebranche pour le spiritualisme cartésien, le scepticisme de Hume pour l'idéalisme de Berkeley, l'idéologie pour le sensualisme idéaliste de Condillac.

C'est la cause de mort la plus fréquente d'une école; elle périt par le tempérament qui a été sa raison d'être et par le travail de ses disciples. Il n'est même pas rare de voir ceux-ci transformer tellement la doctrine du Maître qu'ils la font passer à son contraire; nous venons de citer Hume et Condillac; Fichte fait à peu près de même avec Kant; Feuerbach avec Hégel; on se rappelle aussi qu'Aristote est un disciple de Platon.

D'autre part, plus une école se montre puissante à son origine, plus elle avive les écoles adverses qui se sentent menacées dans leur existence, tant l'homme s'attache à ses convictions, tant l'espoir d'avoir atteint à la vérité inébranlable est puissant en son âme.

Enfin les vulgarisateurs et réalisateurs de tout genre achèvent par leur action celle des disciples et

des adversaires; l'application de fausses théories ajoutant alors sa douleur aiguë à la souffrance intellectuelle des penseurs, la doctrine peut être menacée,
pour ainsi dire, de mort violente.

C'est donc parce qu'elle se spécialise qu'une école
se livre à la fatalité de la Mort, et c'est encore là un
effet de l'influence inférieure, car c'est bien souvent
par l'assentiment aux préjugés de son temps que le
philosophe tombe dans le système. Souvent aussi c'est
par un effet de son tempérament, par une complai-
sance trop grande à la passion individuelle, à l'illusion
devenue chère.

L'homme, en effet, est soumis à l'influence des
deux forces opposées qui se disputent notre monde:
l'une *centripète* qui l'attire vers un foyer commun,
l'autre *centrifuge* qui le repousse loin de ce centre.
Celle-ci donne à l'homme un sentiment si prononcé
de son indépendance qu'il entend se faire centre lui-
même pour tout ce qui l'entoure; celle-là, au contraire, lui donne la foi en l'unité et le désir de s'y
rattacher.

Parmi les philosophes, le centrifuge se spécialise
dans l'un quelconque des genres du rationalisme,
selon son tempérament et les autres coefficients de sa
pensée; indépendant à outrance, il rapportera tout à
l'esprit humain, comme les Idéologues, comme
Comte, comme Proudhon.

Le centripète est porté soit vers le mysticisme (dans
le sens funeste du mot), soit vers le fatalisme. Il sera
ou spiritualiste ou naturaliste à l'excès, à quelque
genre qu'il s'arrête dans sa classe. C'est par là que les

fatalistes de la grâce, les jansénistes se rapprochent
des matérialistes, fatalistes du hasard ; c'est par ce
défaut que Leibniz et Malebranche sont aussi déterministes que Hobbes ou Lamettrie, et ce défaut consiste non pas à méconnaître le centre d'Unité comme
le font les centrifuges, mais à le déplacer seulement.

Comme il n'y a de vérité que dans l'équilibre de
ces contraires, l'homme n'en approche qu'en se sou-
mettant librement à l'action du Centre Unique, de
façon à satisfaire en même temps son indépendance
et sa foi. Il faut pour cela qu'il sache triompher des
hésitations de la Nature humaine, c'est-à-dire des passions de tout genre qui le font verser dans l'une ou
l'autre erreur. Humble sans désespoir, indépendant
sans orgueil, il doit réaliser le *roseau pensant* de Pascal ; en un mot, être un *Sage* !

Ici encore est la supériorité de l'ésotérisme ; sa
première condition est en effet la vertu ; son premier
apprentissage, sans lequel il est matériellement impossible d'y pénétrer, est la domination de soi-même.
L'Initié véritable est toujours un Sage : Pythagore,
Boudha, Moïse, le Christ !

Il maîtrise le Monde au lieu de se laisser dominer
par lui et n'obéit qu'à l'influx supérieur dont la perfection morale le rend plus capable.

C'est là la qualité fondamentale qui manque généralement à l'École ; c'est pourquoi ni ses encyclopédistes, ni même souvent ses synthétistes ne savent
atteindre à la puissance des Initiés.

IV

En résumé toutes les fluctuations de l'École ont pour effet de la faire passer de l'Absolu métaphysique unitaire au contingent développé et synthétisé, à travers les troubles de l'Intelligible et du Sensible.

CHAPITRE VI

L'Idée hors de l'Ecole

SOMMAIRE : I. Le peuple, à l'inverse de l'École, mais à travers les mêmes phases effectue son progrès de bas en haut. — II. Preuves historiques modernes. — III. Preuves historiques anciennes. — IV. Son progrès ascendant favorise le travail de l'École.

I

Le chapitre précédent a montré à l'intérieur de l'École l'Idée descendant à travers les trois principes fondamentaux, sauf à venir se retremper aux sources supérieures avant de recommencer avec une ardeur nouvelle une période d'ordre plus élevé que la précédente.

Le Monde va nous offrir le spectacle inverse ordonné cependant sur le même mode trinitaire. Ici, la pensée s'élève du fond de l'instinct vers les régions du savoir, en passant comme la philosophie par les trois états de la foi, du doute et de la science.

Quand l'Ecole va chercher l'Idée dans les régions supérieures sur lesquelles s'ouvrent le sanctuaire, le génie, l'intuition, elle est poussée par l'avidité de *Savoir en vue d'illuminer.* Quand le Monde se tourne vers l'École, c'est encore avec l'avidité de savoir, mais *en vue d'appliquer*, de réaliser.

Telle est la correspondance des trois Principes au point de vue de la Pensée humaine :

L'Idée se produit dans le sanctuaire, séjour des grands Initiés et des Messies de l'humanité.

Elle s'exprime dans l'École,

Elle se réalise dans le Monde,

Par une série de phases trinitaires qui sont comme les anneaux d'une spirale indéfinie dont l'axe est la ligne du progrès.

Voyons comment la vie du monde justifie ces assertions.

« Le Monde est gouverné ou bouleversé par les « sentiments auxquels les idées servent seulement de « guides. » Cet aphorisme de Spencer signifie, nous l'avons vu, non que l'École est à peu près sans influence sur le Monde, mais que l'Idée est perçue dans le public par son aspect sentimental et ses effets sensibles, au lieu de l'être comme Idée pure. Autrement dit, selon la terminologie d'Aristote, ce que le monde reçoit de l'Ecole, c'est l'Idée passée *en acte*, non pas l'Idée *en puissance*.

Dans ses instincts les plus élevés, il s'adresse d'abord à la forme religieuse, au culte. La religion a-t-elle cessé, comme de notre temps, d'être en harmonie avec les instincts du Monde, celui-ci y supplée comme il peut au moyen des éléments à sa portée, s'attachant avec autant d'ardeur que de sincérité à des illusions qu'il craint d'éclaircir tant que l'Idée n'est pas assez puissante pour les remplacer. Ainsi s'explique de nos jours l'énorme diffusion du spiritisme, brouillard immense amoncelé autour d'un noyau de vérité sensible.

Ceux à qui de pareils succédanés ne peuvent suffire s'adressent à l'instinct de la conscience individuelle plutôt encore qu'à la science. Ils se font une *morale indépendante*, une *libre pensée*; la francmaçonnerie dans sa forme actuelle leur servira d'Eglise.

Le Monde, enfin, à défaut de religion et de morale, aborde-t-il la science positive ? Ce ne sera pas l'altruisme subtil, tout intellectuel, de son déterminisme qu'il y saisira, ce sera l'épicurisme pratique, égoïste, si facile en apparence. Ou bien il s'attachera au pessimisme désespéré, dissolvant; non pas au pessimisme métaphysique de l'Ecole, si voisin du mysticisme, mais à la sombre désolation du doute qui ne trouve plus de soulagement que dans l'amertume même de sa douleur, à la révolte instinctive de la grandeur humaine qui ne sait plus s'affirmer qu'en s'ensevelissant par le nihilisme sous les débris de son monde effondré.

C'est donc à l'Être, non au Savoir, ou plutôt c'est à leur rapport que le Monde s'adresse; c'est le vulgarisateur, nous l'avons vu, non le philosophe qu'il connaît, de qui il reçoit l'Idée. Ainsi s'explique l'esthétique, et, avec elle, le rôle de l'Art si hautement civilisateur que nous pouvons caractériser un siècle par les monuments de son art plastique ou littéraire. L'Art, comme l'Ecole, mais avec plus d'instinct que de réflexion, va puiser l'idée à ses sources supérieures, pour la répandre dans le cœur du peuple en paroles émouvantes ou en formes suggestives. Son rôle, ses moyens, sont ceux de l'École, mais avec cette différence fondamentale que celle-ci est plus près de l'Idée métaphysique, tandis que celui-là est plus rapproché de la Forme, du Monde et de ses sentiments.

L'artiste appartient au Monde; s'il s'élève comme le Philosophe, comme l'Initié même, bien qu'inconsciemment, jusqu'aux régions les plus pures de l'*Idéal*, il ne les voit, cependant, à l'ordinaire qu'à travers les opinions inspirées par l'École. L'Art sera donc plein de sérénité aux temps premiers où la Grèce est encore toute voisine du sanctuaire antique; il sera religieux et mystique au moyen âge; idéal avec une teinte d'indépendance toute naïve encore à la Renaissance; réaliste au siècle de la science positive.

Mais il faut laisser au lecteur le soin facile de développer ces exemples qui nous entraîneraient hors des limites étroites de notre cadre; il ne comporte que de rapides indications. Passons à d'autres conséquences propres au caractère du Monde.

En remontant de la religion extérieure, à la morale, à la science, en sens inverse du mouvement de l'École, le Monde traverse trois phases correspondantes à ces trois réalisations : phase de foi dans un principe divin, phase de confiance dans les doctrines politiques, phase où la confiance se borne à la science positive.

Nous avons vu dans le chapitre précédent l'École parcourir la même série, mais la comparaison de ces deux mouvements pourra convaincre qu'ils sont de sens contraire. Le *Monde* et l'École vont à la rencontre l'un de l'autre : celle-ci descend dans son intellectualité de la pensée métaphysique et dogmatique à l'analyse physique; celui-là passe, dans son action, de l'ignorance crédule à la philosophie de relation d'abord, et, ensuite à celle de l'Être ; tous deux se rencontrent sur le terrain du Principe naturaliste où la synthèse doit commencer à s'effectuer.

II

L'ère chrétienne jusqu'à nos jours se partage clairement, de l'accord de tous les historiens en quatre périodes distinctes :

Dans la première la religion nouvelle se crée, prend possession du Monde et s'y répand ; nous pouvons y comprendre les six premiers siècles, embrassant les temps des persécutions, des discussions de doctrine, d'établissement du dogme, d'installation de l'Église et de la diffusion sur la plus grande partie de l'Occident par l'apostolat. Elle se termine par la création religieuse de Mahomet pour les races dites sémitiques.

C'est l'époque chaotique, marquant la transition du paganisme au christianisme, d'une Idée fondamentale à une autre, le renouvellement par conséquent de tous Principes, sorte de préface à la série normale qui va se développer ensuite.

Du VII⁰ au XIII⁰ siècle, la foi religieuse domine en

souveraine à peu près incontestée, inspirant, pénétrant toutes les institutions sociales. Les derniers
Barbares restés dans les régions les plus reculées
·sont convertis; les ordres religieux fondés ou réfor-
més se répandent sur tous les pays enseignant, défri-
chant, secourant, protégeant, civilisant; le pouvoir
temporel est fondé par un Empereur; la Papauté
atteint l'apogée de sa puissance avec Grégoire VII, et
enfin l'Occident entier se précipite en croisades sur
les Musulmans refoulés hors de l'Europe.

La période suivante de 1200 à 1800, est par excellence, celle de l'affranchissement de l'esprit humain.
La scholastique la commence en se détachant de
l'Eglise; la Renaissance la poursuivra en s'affranchissant de la scholastique; le xviii° siècle l'achèvera en
renversant le trône du droit divin. Cette période,
commencée par les hardiesses de Roger Bacon et la
première convocation des Etats généraux en France,
se poursuit par la révolte inouïe de Luther, la création de l'Eglise anglicane, et enfin, éclosion
suprême, la Révolution française.

Nous vivons maintenant la quatrième époque,
celle du génie civil, des expositions universelles, du
positivisme et du laïcisme.

Qu'on remarque bien les transformations correspondantes de la forme sociale.

L'époque chaotique n'en a point encore d'arrêtée;
elle traverse l'empire avec toutes ses anarchies et les
bouleversements épouvantables de l'invasion des barbares que l'influence religieuse finit par régler.

L'époque de foi religieuse correspond au règne de la

féodalité, de la chevalerie, de la toute-puissance papale, de l'empire germanique; en somme, le gouvernement absolu des consciences des personnes et des biens.

L'époque humaine est celle du développement des communes, des ligues hanséatiques, des franchises et de la bourgeoisie. Celle-ci, ferme appui d'abord de la royauté qui détruit la puissance des seigneurs, son laborieux et brillant auxiliaire ensuite, tant qu'elle a besoin de cette puissance armée, en devient l'implacable assassin quand elle vient à redouter le pouvoir royal et à se sentir assez forte pour se faire elle-même justice. C'est le temps des monarchies surveillées, combattues et constitutionnelles.

L'époque scientifique, enfin, qui est celle des intérêts matériels, est par là même le règne du plus grand nombre, de la classe la plus instinctive, de la démocratie.

On retrouve donc ici les révolutions qui signalaient les grands mouvements de l'Ecole, de sorte que l'instinct et la pensée ont également concouru à l'accomplissement des phases distinctives de notre loi première. Nous avons ainsi une correspondance nouvelle des trois Principes fondamentaux :

(*Voir tableau ci-contre.*)

	Principes	Métaphysique	Raisonnable	Sensible
À l'École {	Sources de certitude {	Foi	Raison	Science
	Méthodes	Empirique	Didactique	Scientifique
Dans le Monde {	Idées directrices {	Foi religieuse	Morale et politique	Economie et laïcisme
	Formes sociales {	Gouvernement absolu (Monarchie ou Oligarchie)	Gouvernement représentatif Monarchie ou république	Démocratie

A ce tableau l'on peut ajouter le Principe de l'Unité, qui embrasse les trois autres; il comporte pour correspondance, à l'École, l'Ésotérisme et la Synthèse; dans le monde, la Science religieuse et la Synarchie.

III

Tournons-nous nos regards vers les temps classiques de l'antiquité, la même loi ascensionnelle des peuples s'y répète exactement.

De 2000 à 1200 av. J.-C., la religion, toute corrompue déjà, domine l'Asie sous le couvert des grandes monarchies asiatiques et égyptiennes ; Sésostris, Ninus, Sémiramis.

Le monde occidental est en formation, les peuples y naissent avec les religions que les Initiés leur apportent. C'est l'âge de Moïse, d'Orphée, d'Ogygès, d'Inachus, de Cécrops, de Cadmus, de Danaus, des demi-dieux et des héros, des expéditions légendaires, de la prise de Troie.

De 1200 à 600 environ, tandis que l'Asie, qui est d'un autre âge, s'éteint dans les convulsions du despotisme lydien, assyrien, mède ou perse, l'Europe passe à la période religieuse et monarchique, chez les Hébreux, en Grèce, à Rome, à Carthage (1).

Puis les peuples s'affranchissent en même temps que les esprits ; c'est l'ère de la philosophie et de la littérature grecques (vi°, v°, iv° et iii° siècles), en même temps que celle de la liberté politique.

La période démocratique commence avec la domination du monde par Rome pour finir dans l'épicurisme matérialiste de l'empire romain, dans les sanglantes comédies de l'anarchie militaire, dernière forme démocratique du peuple romain.

Ce ne sont là, du reste, que les subdivisions des périodes plus grandes établies déjà dans le chapitre iii° de cet essai. Celle qui embrasse toute la série des temps historiques ne nous montre-t-elle pas, en effet, la théocratie avec l'absolutisme dans l'Inde des Védas, la Chaldée et l'Égypte antique, tandis que l'ère classique de la Grèce et de Rome nous fournit le type humain de la dialectique et des libertés aristocratiques ; elle s'achève dans le christianisme qui pré-

(1) Voir dans la *Cité Antique* de Fustel de Coulanges comment les institutions fondamentales de l'antiquité proviennent des doctrines religieuses.

pare, avec la fraternité et la divulgation des Principes mystérieux, l'ère de la démocratie.

IV

Une dernière observation :

Dans le mouvement qui les porte l'une au-devant de l'autre, l'École et le Monde restent liés par une solidarité intime étudiée déjà, mais qu'un dernier trait achèvera de caractériser.

Une analyse un peu plus détaillée de l'histoire montrera que chaque pas dans la marche de l'École est précédé d'un pas du même genre effectué par la société politique ; c'est-à-dire que celle-ci, poussée par son instinct seul, mais grâce à sa faculté pratique, commence le mouvement en préparant les conditions nécessaires aux contemplations de la pensée ; ensuite, c'est quand celles-ci sont formulées pour le monde que le mouvement s'achève. Il semble qu'il en soit du Monde et de l'École comme de l'aveugle qui porte le paralytique en suivant le chemin que celui-ci lui trace. Le Monde exprime le désir ; l'École le formule, l'examine et prononce sa décision que le Monde traduit en acte. Un seul exemple moderne éclairera cette particularité qu'il suffit du reste d'indiquer ici.

L'École n'aurait pu discuter en liberté sous le despotisme religieux de l'Église ; le Monde s'affranchit le premier, dès la fin du XIVᵉ siècle ; c'est un siècle plus tard, et davantage, que l'École se prononce à peu près sans réserve par la voix de Descartes, de Bacon et de Spinosa.

Et d'où venait que la Société s'était affranchie la première au XIIIᵉ siècle ? C'est qu'alors « la mission « défensive et guerrière du moyen âge était terminée; « les barbares septentrionaux sont implantés sur le sol. « Ceux du Midi n'inspirent plus d'effroi. Elle est « accomplie la mission politique du catholicisme qui « était de traduire en fait la morale universelle... Les « papes tendaient à la concentration, les nationalités « y répugnaient sans cesse davantage..; l'activité avait « cessé d'avoir un but commun; la grande Unité, se « brisa donc ».

Ce coup porté, les trois autorités du moyen âge s'écroulent :

Dans l'ordre social, l'Église;

Dans l'ordre intellectuel, la scholastique ;

Dans l'ordre littéraire, le latin.

(Cantu, vol. XIV, *discours préliminaire*.)

Le règne de la liberté humaine est commencé par la ruine des institutions antérieures; Luther leur a porté le dernier coup; à l'École à présent de jeter les fondations nouvelles.

Elle s'installe, en effet; l'esprit délivré se lance avec ardeur dans toutes les directions.

En attendant que cette première effervescence amène sa conclusion, le monde confiant continue d'agir avec une énergie croissante contre le passé qui se relève :

En France, guerres de religion, Saint-Barthélemy.

En Angleterre, la réforme anglicane, Marie Tudor et Marie Stuart, Jane Gray et Elisabeth ;

En Espagne, Philippe II et le duc d'Albe aux Pays-Bas ;

En Allemagne, Charles V et les diètes.

Puis la lutte s'étend de nation à nation, jusqu'à ce que, la guerre de Trente ans terminant les exterminations religieuses, la liberté de conscience et le prétendu équilibre européen viennent sanctionner l'esprit nouveau.

C'est alors que l'École va commencer à donner au Monde la réponse à ses désirs ; réponse plus pratique que décisive là où la passion mondaine s'y sera mêlée davantage comme en France et en Angleterre ; bien plus élevée et plus profonde là où la faculté de délibérer librement a été plus grande comme dans l'Allemagne protestante.

TROISIÈME PARTIE

CONCLUSION

CHAPITRE VII

SOMMAIRE: I. A l'Ecole, l'évolution est précédée d'involution; c'est le contraire dans le monde. — Interprétation de ce double mouvement par une représentation graphique. — II. Résultats successifs de ce double mouvement considéré dans sa simultanéité, ou phases de la Vie totale de l'Idée. — III. Conséquences générales : les trois facteurs de la Vie humaine (Providence, Volonté, Destin), les trois organes sociaux (le Sanctuaire, l'Ecole et la Société). L'Idée mène le monde et vient de l'Absolu par la Métaphysique. Ensemble et but de la Vie individuelle. — IV. Conséquences pratiques immédiates : Notre but actuel doit être la Synthèse fraternelle dans la Société par la Synthèse des Principes à l'Ecole. Le moyen est dans l'organisation libre de l'Ecole. L'Esotérisme est son couronnement. Définition plus précise et possibilité de l'Esotérisme et de l'Initiation.

I

L'analyse historique poursuivie dans les chapitres précédents a fait ressortir deux faits essentiels :

L'Universalité des trois Principes fondamentaux adoptés dès le début pour base de notre classification;

Et la marche descendante, à travers les systèmes philosophiques, de l'Idée qui passe de l'Unité à la Multiplicité.

Ce dernier point est très remarquable en ce qu'il semble en opposition complète avec la notion du pro-

8

grès tel que nous le concevons aujourd'hui, car cette
notion dont il est bien difficile de contester l'exactitude
nous représente le progrès comme une ascension du
multiple au général, à l'unité. Nous avons eu d'ailleurs à constater qu'en dehors de l'école, c'est à la loi
de progrès ainsi comprise qu'obéit l'évolution de l'Idée,
de sorte qu'elle offrirait deux espèces d'évolution en sens
contraire et simultanées. Il semble qu'il y ait là une
anomalie qu'il s'agit ou de faire disparaître ou de justifier.

On remarquera d'abord avec soin que cette sorte de
décadence de l'Idée, inverse de celles que nous nommons ordinairement le progrès, n'est pas indéfinie ;
elle est suivie, comme nous l'avons vu, d'une concentration synthétique qui succède rapidement à l'analyse
ou multiplicité arrivée à son dernier degré et qui représente identiquement notre progrès. Il n'est donc pas
exact de dire que l'Idée descende; ce qu'il faut dire,
est que son évolution est précédée d'une *Involution*,
cette dernière nous étant mieux apparue, parce qu'elle
est la plus longue en durée au moins jusqu'à ce jour.

Cependant cette observation avance peu la difficulté,
car il faut remarquer d'un autre côté que le progrès
tel que nous sommes accoutumés à le comprendre est
suivi d'une décadence généralement rapide. L'humanité considérée dans son entier ne nous fournit pas,
il est vrai, la preuve de cette assertion, mais elle est
écrite on ne peut plus clairement dans l'histoire de
toutes les races humaines, de toutes les nations, de
toutes les familles, et, en dehors même de l'humanité,
de tous les mondes. C'est là la loi de la Vie limitée par
la vieillesse et la mort.

Il faut donc modifier un peu la conséquence qui nous occupe, et dire:

L'idée qui traverse l'école, et celle qui traverse le monde offrent des modes d'existence identiques en ce que le cours en est partagé en deux phases distinctes; opposés en ce que ces deux phases sont à l'École en sens inverse de ce qu'elles sont dans le Monde.

Pour se rendre compte de ce phénomène, il faut observer encore que la notion que l'on se fait ordinairement du progrès est empruntée à l'évolution de l'*Être*, tandis que l'Idée qui nous présente une évolution précédée d'Involution est l'Idée en elle-même, considérée d'une façon abstraite, ou le *Savoir métaphysique* (genre 1er de notre classification).

Cette remarque transforme comme suit la conclusion de notre étude:

1° De nos trois principes, dont l'ensemble nous représente l'Universalité des choses, ou l'Absolu, l'un d'eux, le Métaphysique, s'oppose au couple des deux autres; il est le sommet du triangle dont les deux autres limitent la base :

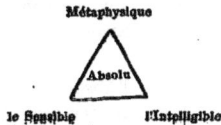

De sorte que l'Absolu est, en dernière analyse, décomposable en deux Principes seulement:

Le Métaphysique (qui est *Unité*) et son contraire,

(la *Multiplicité*), ce dernier se subdivisant à son tour en Intelligible et en Sensible.

Nous pouvons donc remplacer notre triangle par la figure suivante :

l'Unité

le Sensible   l'Absolu   l'Intelligible

Multiplicité
(l'infinitésimal en nombre infini)

2° La Vie de chacun de ces deux éléments primordiaux de l'Absolu consiste en un mouvement progressif qui est inverse du mouvement vital de l'autre.

L'Unité descend jusqu'au multiple par involution pour remonter à son point de départ par évolution.

Le Multiple remonte jusqu'à l'Unité par évolution, pour redescendre à son état premier.

Ces deux mouvements inverses sont concomitants; leur répétition indéfinie constituant la vie de l'Absolu lui-même.

En d'autres termes, l'Absolu se manifeste non seulement par l'opposition des deux éléments qu'il confond en soi, de l'Unité et de la Multiplicité, mais surtout par le mouvement incessant et double qui fait passer l'Unité par la Multiplicité et la Multiplicité par l'Unité. Ou encore, selon la terminologie

d'Aristote, l'Absolu se manifeste par le *Mouvement*
qui est le passage de la *puissance* à l'*acte*.

Cette conclusion est tellement importante et tellement féconde en conséquences qu'il est indispensable
de l'éclairer par quelques développements complé-
mentaires. Une représentation graphique bien connue
va nous en faciliter beaucoup l'intelligence ; nous
allons voir, en même temps, comment s'expliquent
nos trois Principes fondamentaux et leur caractère
d'universalité.

Considérons une individualité vivante quelconque,
prise dans le nombre infini d'individus qui composent
le multiple: homme, peuple, race ou planète; il n'importe. Nous la verrons sollicitée par deux forces de
sens contraire : Une attraction vers un centre (soleil
s'il s'agit d'un monde ; absolu s'il s'agit d'un être pensant) : Une attraction opposée vers le contingent, vers
le fini, ou même vers son propre centre si c'est une
planète, son *Moi* si c'est un être intelligent; un besoin
d'inertie, d'indépendance, une crainte immense d'être
absorbé dans l'infini; une répulsion véritable pour
l'Absolu qui se présente au contingent sous la forme
du Néant. La première de ces forces produit la foi et
l'espérance dans l'Eternité de la personne ; la seconde,
par l'attachement à l'individualité, produit l'esprit de
liberté, une crainte féroce de la mort ou même de la
contrainte, l'*Égoïsme* pris dans son sens le plus
large.

Ces deux attractions peuvent se représenter, selon
l'usage des mathématiciens, par deux flèches partant

8.

d'un même point, I, lequel représentera notre individu. La pointe de l'une d'elles est tournée vers le
point A qui représente le centre
d'attraction ou *Absolu*, tandis que
le *contingent*, multiple par nature,
ne peut être figuré que par l'espace
ambiant, de sorte que la direction
IC, non déterminée, pourra varier.

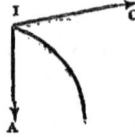

On sait que la résultante d'un
pareil ensemble de forces est une courbe qui passe
entre nos deux flèches; c'est la trajectoire d'un astre
quelconque poussé sur son orbite par la combinaison
des deux forces centripète et centrifuge. Nous pouvons
donc dire que l'individu, sollicité en même temps
par l'Unité absolue et par la multiplicité individuelle,
obéissant à la loi universelle qui régit le cours des
astres, tourne autour de l'Absolu en une suite indéfinie de révolutions au lieu de tomber directement sur
lui pour s'y fondre.

Représentons ce mouvement par la trajectoire la
plus simple, le cercle (1), et, pour fixer les idées, con-
venons que son point culminant, l'extrémité de son
diamètre vertical, représentera l'Idée au moment où
elle atteint le maximum de sa force ; l'extrémité
opposée du même diamètre correspondra, au contraire
à son minimum, et par suite, sera l'image de la mul-

(1) On sait qu'en général l'orbite est une des courbes nom-
mées sections coniques : mais moins les deux forces sont différentes (et dans notre cas elles le sont peu), plus l'orbite se
rapproche de la forme circulaire. On choisit du reste celle-ci
pour la simplification des démonstrations, mais elle n'en est
pas une condition nécessaire.

tiplicité à son plus haut degré. Si le mouvement de la
première est représente (sur l'arc de droite), dans le sens
des aiguilles d'une montre, celui de la seconde se fera en
sens inverse et en remontant (mais sur le même arc).

Pour déterminer les phases de ce mouvement nous
avons besoin de noter au moins encore un point intermédiaire de plus : or il en est un particulièrement
intéressant. Quand l'unité est à son maximum de
force, elle l'emporte sur la multiplicité ou force répul-
sive ; au contraire, à son minimum, elle est dominée
par celle-ci ; il y a donc quelque part, sur l'arc descendant qui représente le mouvement, un point intermédiaire où ces deux forces sont égales.

Pour fixer ce point nous avons à tenir compte encore
d'un fait négligé jusqu'ici, à savoir que des deux forces
que nous considérons celle centripète, la tendance
vers l'Absolu, est la plus puissante, bien que leur différence soit minime. Cette assertion paraîtra plus évidente sous cette autre forme mieux appropriée à notre
sujet : La volonté universelle est supérieure à la volonté individuelle ; les lois de la nature confirment
cet aphorisme par analogie, car, à la longue, tout se
condense dans l'univers depuis la moindre poussière
jusqu'aux nébuleuses.

Il en doit résulter que le point dont nous parlons
doit se trouver en dessous du diamètre horizontal
parce que, à supposer les mouvements uniformes, ou
à peu près, il faut plus de la moitié du parcours pour
que la force unitaire soit neutralisée par son anta-
goniste, la force multiple.

Il y aura dans le mouvement de réascension un

point semblable à celui-là et symétrique, c'est-à-dire placé comme lui en dessous du diamètre par un motif analogue.

Le mouvement cyclique de la force unitaire considéré dans son ensemble sera ainsi partagé en trois phases apparemment égales, par trois points essentiels (voir la figure 1ʳᵉ), savoir :

Point de départ. Maximum de la force qui excède son contraire (position au sommet du diamètre vertical de notre cercle).

1ʳᵉ *phase.* Décroissance de la force depuis ce maximum, jusqu'à disparaître, équilibrée par la force multiple (le point d'équilibre est à l'extrémité droite de la base du triangle équilatéral inscrit).

2ᵉ *phase.* Infériorité de la force excédée par son contraire, ou éclipse de l'unité par la multiplicité avec maximum d'occultation à l'extrémité inférieure du diamètre vertical, et fin à l'extrémité gauche de la base du triangle inscrit.

3ᵉ *phase.* Croissance nouvelle de la force unitaire qui l'emporte de plus en plus sur la multiplicité, jusqu'à retrouver son maximum.

Or les trois points qui marquent les débuts de ces phases sont l'expression de nos trois principes fondamentaux :

1° Maximum d'unité, minimum de multiplicité. Sommet du triangle. *Principe métaphysique.*

2° Entrée de l'Unité décroissante dans sa phase d'occultation — Egalité des deux forces; lutte entre elles avec prépondérance imminente de la multiplicité. *Dualité*, *Principe Intelligible* ou *Humain* (1).

3° Sortie de la phase d'ombre pour l'unité maintenant croissante. — Égalité des deux forces, mais avec
prépondérance définitive de l'Unité sur la multiplicité;
donc multiplicité tendant à l'unité, s'harmonisant par
les lois de l'Unité, *principe de la Nature*.

C'est ainsi *que la Trinité exprime le mouvement
vital de l'Absolu.*

Maintenant, remarquons que le mouvement pouvait être noté et figuré au moyen du Principe de multiplicité ou individuel, au lieu de l'être par l'observation du Principe unitaire ou Idée; dans ce cas nous
aurions la représentation du progrès et de la décadence de l'Individu, au lieu de celle de l'involution et
de l'évolution de l'Idée.

Or on voit sans peine que ce mouvement, symétrique du précédent, a son point de départ à l'extrémité inférieure du diamètre vertical, et marque ses
trois phases par les sommets du *triangle équilatéral
renversé*, qui, ajouté au direct, achève le sceau de
Salomon (2).

II

Ainsi, cette figure nous représente :

Par le triangle supérieur la révolution de l'Idée ou
Savoir dont l'étude est l'objet principal de cet essai ;

(1) *Intelligible* parce que c'est le moment où l'individu se
trouve exactement entre le Savoir et l'Etre, s'expliquant l'un
par l'autre. *Humain* parce que telle est la situation de l'Homme;
il a conscience de *son Etre*, et de *l'Etre*, de *son Moi* et du *Moi
universel*.

(2) Voir sur ce pantacle l'excellent *Traité Méthodique de
Science occulte* de Papus (page 967) et le *Tarot* du même
auteur : ils confirment et développent le rapide exposé de cet
essai.

Par le triangle inférieur, l'évolution de l'*Être*, laquelle est le Progrès dans le sens que nous lui attribuons ordinairement.

Mais ces deux mouvements, que nous avons dû distinguer pour les étudier, sont en réalité simultanés, concomitants, inséparables; nous ne pouvons connaître la vie complète de l'Absolu qu'en les considérant dans leur simultanéité harmonieuse : Si nous nous bornons au premier, il nous conduit aux exagérations du mysticisme (dans le sens funeste du terme) ; la volonté disparaît devant la fatalité spirituelle. Si nous ne considérons que le mouvement de l'Être, l'individu disparaît devant le Tout, et il ne nous reste que la fatalité matérielle.

Essayons donc de nous rendre compte de cette simultanéité des deux mouvements inverses, en combinant les états de l'Unité avec ceux contemporains de la Multiplicité ; notre figure y aidera en fixant les idées. Nous remarquerons d'abord que les deux triangles entrelacés se fournissent l'un à l'autre par leurs sommets des positions intermédiaires entre les trois points principaux du mouvement, positions symétriques et réciproques qui nous permettront de fixer six moments simultanés. Nous pouvons même aller plus loin ; la figure n'est vraiment complète qu'en tenant compte, au moyen des rayons correspondants, des six angles rentrants de notre étoile, de sorte que ce sera même en douze parties que notre conférence se trouvera partagée. Nous avons alors une analogie complète avec l'orbite planétaire, ces douze divisions représentent, comme les douze signes

du zodiaque, les variations d'éloignement par rapport
au foyer absolu, qui est comme le soleil de ce mouvement, et, par conséquent les variations d'intensité
des deux forces. Pour indiquer cette analogie nous
noterons sur la figure les 12 divisions de notre cercle
au moyen des signes du zodiaque, en les rapportant
au mouvement ascensionnel de l'individualité multiple, en plaçant par conséquent le premier signe au
bas de la figure et remontant de là par la droite.

Au premier moment les deux principes, l'*Unité* et
l'*Individualité* sont aussi séparés que possible, bien
que coexistant; dans l'état social, que nous allons
prendre pour exemple concret, cette situation correspond aux temps primitifs chaotiques; le peuple, complètement divisé, n'ayant qu'une notion fort confuse
de l'absolu, est entièrement livré à la foi aveugle et
superstitieuse. Ses guides, qui sont des prêtres et des
ésotériques, survivants d'autres âges, sont seuls
capables d'une vie spirituelle qui les rend justement
vénérables aux instincts de la foule.

Nous pouvons passer rapidement sur la seconde
situation (l'unité étant au point ♍ et l'individualité
au point ♏) elle n'est qu'une étape dans le rapprochement des deux principes. Dans la vie sociale, elle
représente le moment où, dans le peuple en progrès,
les guides supérieurs peuvent trouver assez de disciples pour constituer une hiérarchie éducatrice et
gouvernante dont ils sont le sommet; telle est la
théocratie proprement dite.

Le troisième point est plus remarquable; chacun
des deux principes est à la moitié de la course après

laquelle il sera balancé par l'autre. Le trouble s'accentue au sein de l'Idée par l'introduction des individualités ; c'est le temps des hérésies, des premières simonies, des premières querelles pour le pouvoir temporel ; c'est pour l'individu le commencement de la confiance en sa force. C'est cette phase que la *Mission des Juifs* du Marquis Saint-Yves décrit comme le Schisme d'Irshou ; révolte contre la suprématie théocratique au nom d'un dissentiment sur le dogme ; dans le christianisme le mouvement d'Arius y répond encore.

Le quatrième point nous offre cette particularité remarquable que les deux Principes s'y rencontrent pour la première fois, mais modifiés profondément déjà par la course parcourue jusqu'ici. L'Idée est encore la plus puissante puisqu'elle ne doit s'éclipser qu'au moment suivant, mais elle est déjà pénétrée d'une grande proportion d'individualité ; celle-ci de son côté n'est pas encore affranchie : Ce sera le temps de la religion raisonnée, de la philosophie encore religieuse comme au moyen âge ou à l'École grecque avant Socrate ; le temps des gouvernements religieux à moitié détachés du pouvoir spirituel.

Nous atteignons ensuite le second des points singuliers de notre mouvement.

L'Unité s'éclipse devant la multiplicité (au point ♏) ; le Savoir disparaît absorbé dans l'Être, mais en même temps (au point ♎) l'Être s'efface absorbé dans le Savoir. C'est précisément cette pénétration réciproque, étonnement de Pascal, qui fait l'essence de l'Être humain ; on reconnaît donc ici le *rationalisme* proprement dit, le temps des philosophies socratique et cartésienne, de la science semi-analytique, semi-dogmatique; des gouvernements monarchiques fortement tempérés par les classes moyennes, même sous la forme absolue, comme les temps de Louis XIV ou de Périclès.

La puissance de la Science et de la bourgeoisie (quelle que soit sa forme) s'accentueront au temps suivant (l'Idée étant en ♉ et l'Individualité en ♍), qui est l'inverse du second. Au lieu de la théocratie que représentait celui-ci, on aura la domination laïque des individualités syndiquées, sur l'Idée qui maintenant se segmente; le xviiiᵉ siècle et les débuts de la révolution française représentent assez bien ce moment.

Cet état est immédiatement suivi de la deuxième opposition de nos deux principes, mais en sens inverse de la première. Les individus sont fédérés (dans le signe ♒), tandis que l'Idée est tombée dans la multiplicité extrême (dans le signe ♏).

L'Être est à son apogée, le Savoir est subdivisé jusque dans les derniers détails; le laïcisme fédératif ou république laïque triomphe par la science et par les raffinements de la civilisation. C'est le règne dangereux du matérialisme.

Nous voici au moment où l'Être, arrivé à l'âge mûr, entre fatalement dans le déclin, vers la *mort*. Mais, ici est la grandeur de cette double révolution, car en même temps commence la période où le Savoir, inséparable de l'Être, va croître à nouveau vers son point culminant qu'il atteindra lors de la Mort individuelle. On peut presque dire que maintenant seulement

9

l'idée va naître au monde, après une longue gestation.

Il est inutile de suivre en détail les phases de cette seconde période, on voit assez qu'elles seront le pendant des précédentes ; indiquons-les seulement :

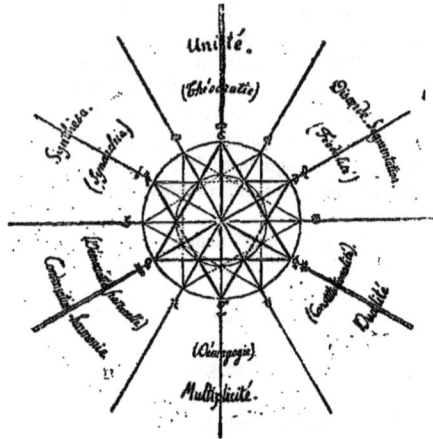

Fig. 1.

Le huitième temps (l'Idée étant en ≈ et l'Individualité en ➤) est comme la saison des premières récoltes. L'Individualité passe à une synthèse plus perfectionnée, la science analytique se condense de même en principes généraux qui reproduisent les lois de la nature ; on voit à notre époque les germes de cette éclosion.

Le neuvième moment est la deuxième conjonction des deux Principes ; la première étant la philosophie métaphysique, celle-ci sera la science positive s'élevant jusqu'à la région métaphysique.

Au dixième moment, cette même science parvient jusqu'à la synthèse devant laquelle les revendications individuelles commencent à s'effacer ; une hiérarchie harmonieuse en doit résulter : c'est la Synarchie.

Le cycle se terminera pour ainsi dire avec l'apothéose de l'Idée par la mort de l'Individualité ; image de l'âme que le corps *rend* à la fin de la vie, enrichie ou abasourdie de l'expérience acquise.

Résumons dans un tableau synoptique cette énumération un peu longue.

(Voir tableau ci-contre.)

TABLEAU D'ENSEMBLE

DU MOUVEMENT CYCLIQUE AUTOUR DE L'ABSOLU

MOMENTS de la révolution	NUMÉROS	MARCHE (indiquée par les signes du zodiaque)		ÉTATS SOCIAUX CORRESPONDANTS (pour exemples concrets du résultat total)	PHASES
		de l'Idée ou Savoir	de l'Individu ou l'Être		
1re Opposit.	0	♎	♈	État barbare — Initiés et idolâtrie.	Point de départ
	1	♍	♉	Théocratie.	Printemps. Enfance. Religion primitive.
	2	♌	♒	Hérésies; Schismes.	
1re Conjonct.	3	♋		Religion raisonnée: philosophie religieuse.	
	4	♒	♌	Rationalisme.	Été. Jeunesse. Philosophie.
	5	♉	♍	Philosophie laïque.	
2e Opposition	6	♈	♎	Matérialisme (république, fédération).	Automne. Maturité.
	7	♓	♏	Science positive analytique.	Science positive.
	8	♒	♐	Id. synthétisant.	
2e Conjonct.	9	♐		Id. métaphysique.	Hiver. Vieillesse.
	10	♐	♒	Synthèse scientifique, Synarchie (Noël).	Science relig.
	11	♏	♓	Science religieuse.	
Retour final	12	♎	♈	Apothéose de l'idée par la mort individuelle.	Mort, Ésotérisme.

Telle est la loi normale qui régit le mouvement vital de l'absolu. Toutefois, les perturbations sont possibles, au moins sur la trajectoire de l'Être individuel, par suite d'attractions extérieures qui peuvent occasionner la maladie et même la mort prématurée. Les Principes qui correspondent à nos douze moments peuvent donc, par la possibilité de ces perturbations, présenter une influence néfaste, un écart dans le progrès; par exemple en faisant tomber l'individu dans le fatalisme mystique ou dans un égoïsme mortel.

Ces perturbations sont surtout à craindre aux quatre époques principales de conjonctions et d'oppositions, et tout spécialement à celle de la seconde opposition, alors que l'Individualité se trouve abandonnée à ses propres forces en l'absence de la puissance supérieure maintenant occultée. Cette phase de liberté sociale et de matérialisme correspond à la crise la plus dangereuse de l'existence individuelle; c'est le moment où pour une nation le désordre anarchique est aussi près que la synthèse harmonieuse; point tournant qui décide du reste de l'existence.

Cependant, la révolution que nous venons de décrire ne s'arrête pas, elle va reprendre sur le même mode, mais non exactement sur la même ligne; c'est ici, encore, une remarque essentielle.

Comme la force idéale, centripète, est, ainsi que nous l'avons remarqué, quelque peu supérieure à celle individuelle, le travail produit pendant leur mouvement n'est pas nul; la résistance de la multiplicité ou force centrifuge est vaincue en proportion de l'écart des deux forces; il y aura par conséquent rapprochement du centre; notre courbe, au lieu de se refermer à la fin de la révolution, s'est resserrée comme l'orbite des planètes par rapport à leur foyer.

Par l'effet de la vie décrite, l'Individualité et l'Unité se sont rapprochées de l'Absolu; il y a eu progrès.

La révolution que nous venons d'étudier n'est qu'un moment dans le colossal mouvement qui rapproche l'Individu de l'Unité; une année dans la vie d'un Univers contingent qui, d'un mouvement infinitésimal, tend à rentrer à travers les siècles des siècles dans le sein de l'Absolu, créateur.

La puissance de l'analogie nous doit faire admettre que cette série de révolutions est aussi la loi d'existence d'une Idée universelle (individuelle par rapport à l'Absolu, bien qu'infinie par rapport à notre infinie petitesse de second ordre). Telle est par exemple l'Idée qui se réalise par une race humaine, un genre humain, un monde planétaire.

Or dans cette existence d'ordre supérieur, nous pouvons encore établir de grandes divisions propres à nous en donner l'expression la plus générale. Appliquée au développement complet de l'être humain jusqu'aux dernières possibilités qu'il puisse attendre dans sa condition terrestre, cette expression générale donnera précisément les phases de l'*Initiation* qui est comme la croissance hâtive de l'Être humain poussée jusqu'à ses dernières limites. Il n'est pas inutile de faire ressortir ce fait curieux avant de passer aux conséquences qui nous restent à déduire.

Nous venons de dire que chaque révolution de nos deux Principes les rapprochait sur les extrémités du diamètre vertical. (Voir la figure 1.) Un temps viendra donc, après un certain nombre de tours de spire où ils atteindront un cercle particulièrement remarquable, celui qui est inscrit dans les deux triangles équilatéraux opposés. *Son rayon est exactement la moitié de celui du cercle extérieur*.

La figure symbolique de l'ensemble des Principes

n'offre plus d'angles rentrants, de vides ni de pointes, elle est devenue *un cercle*. Elle est donc le symbole d'un mouvement continu, d'une suite constante dans la série des phases vitales. C'est un état plus calme, plus vrai, qui se conservera jusqu'à l'union définitive au centre. Ce cercle, qui marque ainsi une phase particulière de la vie individuelle, correspondait à une période toute spéciale de l'*Initiation* antique, laquelle retraçait, comme Ballanche l'a indiqué, la marche progressive de l'humanité. Il donne aussi les trois cycles principaux qui partagent l'évolution d'une vie universelle, savoir :

1° Le premier, correspondant à l'espace compris entre les deux cercles de notre figure et occupé par les six pointes de l'étoile ;

2° Le second est celui qui correspond à l'intérieur du moindre cercle ;

3° Le troisième est représenté par le point central.

Il est bien remarquable que la grande pyramide d'Égypte apparaisse, avec les mêmes divisions, comme symbole construit sur ce modèle. (Voir figure 2.)

Ses proportions sont telles qu'au solstice d'été, à midi, le soleil apparaît exactement à son sommet pour l'observateur qui se tient à son pied, ce qui signifie que son sommet représente le soleil, image de l'Unité vivifiante, reproduction du centre de notre cercle.

On peut se figurer pour la base le rectangle formé, dans le sceau de Salomon, par les bases des deux triangles opposés ; elle exprime ainsi, en même temps que ce sceau, le cercle qui le circonscrit. On sait que dans les premières périodes de son initiation, le néophyte, introduit dans la pyramide, devait descendre dans une chambre souterraine complètement obscure, et qui correspondait exactement, au-dessous

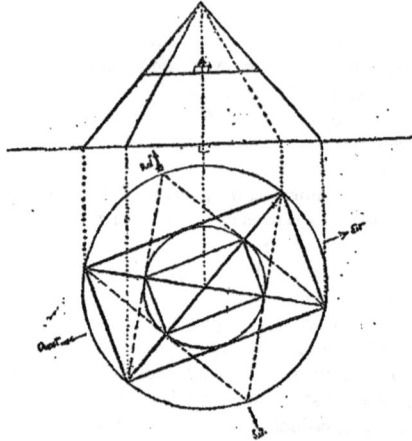

Fig. 2.

du sol, au centre de la base. Cette chambre était la contre-partie du soleil qui brillait au sommet, elle était donc l'image de la force négative en opposition à la force positive; le point de départ de l'*évolution*.

A travers une suite de galeries symboliques inutiles à rappeler ici, le néophyte était conduit, par la suite, à une chambre supérieure, pourvue d'un sarcophage;

elle est connue sous le nom de *Chambre royale*.
Elle occupait le centre de la pyramide; son niveau,
qui est à moitié de la hauteur, correspond à une
section de la masse qui, en plan, reproduit précisément le cercle intérieur de notre étoile à six pointes.
(Voir la figure 2.) Enfin, elle était éclairée par une
étroite galerie dirigée, comme un télescope, sur
l'étoile polaire; *les rayons du soleil n'y pénétraient
jamais, mais à toute heure du jour ou de la nuit on
apercevait l'étoile sur laquelle le monde semble avoir
posé son axe.*

Cette chambre était celle de l'Initiation supérieure,
le néophyte y était enfermé dans le sarcophage, image
de sa mort au monde et *de sa seconde naissance*; il
devenait capable des choses du monde céleste, symbo-
lisées par l'étoile toujours en vue; il entrait dans la
région du premier Principe, dans laquelle il avait du
reste encore de nombreux degrés à parcourir. L'initiation au second Principe était obtenue dans la moitié
inférieure de la pyramide; la base et la partie souterraine de l'édifice représentaient le troisième Principe;
son extérieur, tout ce qui se trouvait en dehors de son
cercle circonscrit, était le Monde profane.

Ce sont là aussi les trois grandes divisions humaines
qui ont dominé dans cet essai : le Monde, l'École et
le Sanctuaire; elles nous ramènent aux conclusions
plus pratiques qui nous restent à déduire.

III

Les trois divisions dont nous venons de parler
correspondent aux trois facteurs de la vie de l'huma-

9.

nité; formes terrestres de nos trois Principes, clairement mises en relief par Fabre d'Olivet, et, depuis,
par le marquis de Saint-Yves, notamment dans la
France Vraie, savoir :

Le *Destin*, qui, par l'instinct passionnel, conduit
l'évolution ascensionelle du Monde ;

La *Providence*, qui, par l'influx de sa force vivifiante agit sur l'humanité, comme le montre d'Olivet,
non par un déterminisme invincible, comme le Destin,
mais au moyen de germes déposés dans son sein, que
l'humanité a le choix ou de développer, ou d'étouffer
par son action propre ;

Et, enfin, la *Volonté humaine*, intermédiaire entre
les deux, limitée par tous deux.

Nous avons vu particulièrement dans cette étude,
comment l'Idée providentielle s'impose la loi trinitaire de l'Involution pour disperser son unité jusque
dans les derniers atomes de l'Être, livré au Destin, et
comment elle rassemble ensuite la multiplicité vers
l'Unité.

L'individualité n'est pas déterminée nécessairement
par ces deux Principes ; à mesure qu'elle avance,
qu'elle se synthétise, sa conscience se développe ; sa
puissance s'étend aussi, mais, avec elle, sa liberté et
sa responsabilité. Sans doute, l'individu est incapable
d'entraver la marche universelle qui est la vie du
Tout dont il n'est qu'un ultimate infime, mais il dispose
d'une liberté considérable, celle d'assentir à l'un ou
l'autre courant, ascendant ou descendant, *et de coopérer avec lui* au moyen de son intelligence et de son
énergie morale.

Si les théories déterministes n'aperçoivent pas cette liberté, c'est parce qu'elles se bornent à un seul point de vue ; elles s'enferment dans le troisième Principe. Là les vérités qu'elles aperçoivent sont à peu près certaines, mais elles ne retracent qu'une partie de la vie de l'être, celle qui est conduite par le Destin. Sans doute, il est un temps où l'être est purement instinctif ; sans doute, la conscience, l'intelligence sont le fruit de son évolution fatale ; mais, du jour où elles existent, et dans la mesure où elles existent, la Providence projette sur l'être individuel un jet de lumière idéale qui, en pénétrant cette conscience et cette intelligence par la voie que nous avons décrite, lui inspire à la fois la science, le désir et la responsabilité. A lui maintenant le choix d'y assentir ou de retomber dans les bras du Destin en attendant un nouvel influx, le cours d'un cycle nouveau.

La liberté humaine n'est donc opposée ni au Destin ni à la Providence, elle consiste dans la coopération à la vie universelle par l'assentiment à la direction que la Providence impose au Destin. De là cette particularité aussi singulière que connue, que la liberté n'est jamais si complète que lorsqu'elle s'abandonne au profit de l'Unité.

Dans cette conquête de la liberté, l'individu ne reste pas isolé ; il est entouré, influencé, instruit de mille manières par tout ce qui l'environne, cet effet est obtenu par la loi qui rapproche dans l'humanité les individus dont les qualités sont les plus disparates.

Il s'établit ainsi dans le monde, par le rapprochement des types divers une série hiérarchique qui fait

PHYSIOLOGIE DU MACROCOSME ET DU MICROCOSME

L'ABSOLU ACTIF (ou Être)

TÊTE (l'Invisible Supérieur). — *Le hiérarchie céleste (Élohim, Devas, Anges, etc...) non détaillée ici.*

Il y a toujours des intermédiaires entre deux divisions : acteurs non fait saillie.

Intermédiaires ; les Adeptes du Sanctuaire

Intermédiaires : les Philosophes religieux.

(Tête) La Religion.	1° Ésotérique.
	2° Théologique. — Herméneutique.
	3° Pratique. — Le Culte public.

Instinct d'ordre supérieur (embrassant science et philosophie).

(Cœur) L'École philosophique.	1° Synthétique.
	2° Analytique.
	3° Sceptique et positiviste.

Instincts supérieur et inférieur en mélange et en lutte.

Intermédiaires : les Poètes philosophes (Hésiode, Novalis).

(Organisme) Art, publicisme, science, enseignement.	1° Métaphysique (art religieux. — Littérateurs philosophes — moralistes). Ex.: Voltaire, Rousseau, Goethe.
	2° Art proprement dit : { littérature, arts plastiques et musique, de peu sentiment (du lyrisme au naturalisme). Littérature scientifique et vulgarisatrice. — Enseignement de Vérité (sciences, langues, économie, etc...). — Les écoles.
	3° Analyse et Pédagogie :

[TÊTE] LA PENSÉE

Instinct inférieur (au service de la tête par le cœur).

Intermédiaires : Publicistes politiques

(Tête) Les Inspirateurs	Législateurs, réformateurs, révolutionnaires. [Moïse, Robespierre, etc...] Autrefois les fondateurs de peuples.
(Cœur) Les Gouvernants.	Les Exécutifs (Napoléon, Sieyès, Talleyrand, etc...). — Autrefois la Noblesse.
(Organisme) Les Administrateurs	(Colbert, Vauban, Turgot, Robert Peel, Thiers, etc...). — La Bourgeoisie.

[CŒUR] L'ACTION VIVIFIANTE

Chacune de ces classes devrait être subdivisée en trois genres d'après les mêmes distinctions.

Intermédiaires : grands Financiers et grands Industriels.

(Corps ou Organisme) Les Administrés (le Peuple)	1° Producteurs. — L'Industrie.
	2° Distributeurs. — Commerce et Finances.
	3° Consommateurs. — Les oisifs et infirmes.

[CORPS ou ORGANISME] L'HUMANITÉ

Au service de la tête par le cœur. — Leur travail produisant le progrès de la pensée par les gouvernants.

Intermédiaires : les Animaux domestiques.

(Corps) ou ORGANISME	ANIMAUX	Intellectuelle (animaux supérieurs).
		Passionnelle.
VÉGÉTALE		Végétative (les animaux rudimentaires ou protozoaires).
MINÉRALE		

[LA NATURE]

Au service de la tête (la Vie Divine) par le cœur (l'humanité).

Les Éléments formels (l'Invisible inférieur).

(Corps invisible)

L'ABSOLU PASSIF (ou Néant).

Tête

Absolu

L'INVISIBLE — VISIBLE — L'INVISIBLE

L'ABSOLU ACTIF (ou Être)

TÊTE (l'Invisible Supérieur). — La hiérarchie céleste (Elohim, Devas, Anges, etc...) non détaillée ici.
> Il y a toujours des intermédiaires entre deux divisions : *natura non facit saltus.*

Intermédiaires ; les Adeptes du Sanctuaire.

La Religion. (Très)
- 1° Ésotérique.
- 2° Théologique. — Herméneutique.
- 3° Pratique. — Le Culte public.

> Instinct d'ordre supérieur (embrassant science et philosophie).

Intermédiaires : les Philosophes religieux.

L'École philosophique (César)
- 1° Synthétique.
- 2° Analytique.
- 3° Sceptique et positiviste.

> Instincts supérieur et inférieur en mélange et en lutte.

Intermédiaires : les Poètes philosophes (Hésiode, Novalis).

Art, publicisme, science, enseignement. (Organisme)
- 1° Métaphysique (art religieux — littérateurs — philosophes — moralistes). Ex.: Voltaire, Rousseau, Goethe.
- 2° Art proprement dit : { Littérature, arts plastiques et musique, de par sentiment (du lyrisme au naturalisme).
- 3° Analyse et Pédagogie : { Littérature scientifique et vulgarisatrice. — Enseignement de l'abstrait (science, langage, économie, etc...). — Les écoles.

> Instinct inférieur (au service de la tête par le cœur).

Intermédiaires : Publicistes politiques.

Les Supérieurs (Très)
Législateurs, réformateurs, révolutionnaires (Moïse, Robespierre, etc...) Autrefois les fondateurs de peuples.

Les Gouvernants (Cœur)
Les Exécutifs (Napoléon, Sieyès, Talleyrand, etc...). — Autrefois la Noblesse.

Les Administrateurs (Organisme)
(Colbert, Vauban, Turgot, Robert Peel, Thiers, etc...). — La Bourgeoisie.

> Chacune de ces classes devrait être subdivisée en trois genres d'après les mêmes distinctions.

Intermédiaires : grands Financiers et grands Industriels.

Les Administrés (le Peuple) (Corps ou Organisme)
- 1° Producteurs. — L'Industrie.
- 2° Distributeurs. — Commerce et Finances.
- 3° Consommateurs. — Les oisifs et infirmes.

> Au service de la tête par le cœur. — Leur travail produisant le progrès de la pensée par les gouvernants.

Intermédiaires : les Animaux domestiques.

ANIMAUX : Intellectuelle (animaux supérieurs). Passionnelle.
VÉGÉTAUX : Végétative (les animaux rudimentaires ou protozoaires).
MINÉRAUX

> Au service de la tête (la Vie Divine) par le cœur (l'humanité).

Colonnes latérales : (TÊTE) LA PENSÉE — (CŒUR) L'HUMANITÉ — L'ACTION VIVIFIANTE — (CORPS) ou ORGANISME LA NATURE — MINÉRAL / VÉGÉTAL / ORGANIQUE — **INVISIBLE**

Les Éléments formels (l'Invisible inférieur).

(Corps invisible).

L'ABSOLU PASSIF (ou Néant).

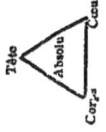

Triangle : Tête — Cœur — Corps — Absolu.

que, non seulement l'humanité, mais aussi un monde planétaire entier, reproduit en grand aussi bien que dans ses détails le type trinitaire de l'Être et la physiologie des trois systèmes organiques.

On le reconnaîtra par la lecture du tableau, p. 156-157.

La vie se concentre selon les périodes de l'existence tantôt dans l'un, tantôt dans l'autre des trois organes sociaux : le Sanctuaire où l'Idée supérieure s'incorpore ; l'École qui l'élabore et la transmet, et le Peuple qui la réalise par l'action. C'est ainsi que, dans le cours de notre existence terrestre, nos tuteurs, nos inspirateurs ou nous mêmes déterminons plus particulièrement nos actes. Il y a donc des temps où la Science supérieure, l'ésotérisme doit s'effacer devant la liberté humaine appelée à se diriger par ses propres forces ; de là les périodes de l'Involution de l'Idée retracées plus haut : état théocratique avec initiation individuelle et rare ; — occultation ou *occultisme* avec initiation mystérieuse — et initiation générale, ère de science religieuse que Christ a inaugurée pour l'Occident.

Toutefois aucun organe ne reste jamais inactif : apparent ou caché, le travail de chacun d'eux est constant, mais soumis à la loi hiérarchique qui le rattache aux deux autres. Toujours l'Idée providentielle, la force centripète domine l'ensemble en le pénétrant de ses germes, de son involution, et se dissimulant davantage à mesure qu'elle lui infuse la vie.

Le Destin conduit les détails par la fatalité de sa

loi évolutive; de gré ou de force, toute invidualité doit s'encadrer dans son inévitable trinité : naissance, vie et mort, libre seulement de s'y mouvoir en un sens ou dans l'autre, et à charge de subir quelque jour le jugement du Dieu inflexible:

Aura-t-il su assentir à l'idéal que son existence lui a enseigné, l'individu sera appelé au degré suivant de la vie totale ;

A-t-il cru pouvoir résister pour le triomphe de son égoïsme à l'attraction du centre idéal, il sera brisé par la loi de mort dans l'irrésistible tourbillon de retour, et par l'effet de ses actes mêmes.

C'est ainsi que se présente, dans son évolution, l'ensemble de l'Humanité vivante qui n'est qu'une individualité dans les immensités du Cosmos : pleine d'innocence en son premier âge, alors aussi rapprochée que jamais de l'invisible au sein duquel elle dormait tout à l'heure, elle en reçoit encore l'influence presque directe par ses rares prophètes et ses Initiés venus pour lui transmettre l'éternelle *Tradition.*

Elle grandit, elle croît en intelligence et en liberté, le travail de la vie se divise et se subdivise en elle ; le germe idéal se partage comme un signe de ralliement qui doit un jour reconstituer la réunion triomphale de la famille dispersée. Les maîtres se retirent, le libre travail va grandissant, la masse active fermente, s'agite, bouillonne ; ses éléments se croisent, se heurtent, se combattent, puis, petit à petit, le classement s'opère, l'apaisement se fait, l'activité cesse, l'immobilité lui succède ; l'Idée initiale accomplie, la *mort* prononce son jugement :

Par ici, la synthèse de l'œuvre finale en vue de laquelle cette vie avait pris naissance, la masse des Elus, qui, par leur seule présence, proclament la gloire de la Pensée créatrice.

Par là, le résidu mort, inharmonique, des damnés qui se sont retirés de la vie commune; *rudis indigestaque moles*, masse informe qui doit attendre que l'effluve idéale revienne, qu'un Christ redescende aux enfers pour la racheter en l'animant pour d'autres réalisations sublimes.

IV

Telle est la vie totale, telle aussi la vie de détail, au Sanctuaire, à l'Ecole ou dans le Peuple, à travers les siècles comme dans les petites périodes qui voient vivre et mourir un système économique, philosophique ou religieux. Partout vous verrez au début un homme ou un groupe d'hommes inspirateur; avec lui se forme la période d'enfance, de foi, à laquelle succéderont celle d'analyse et celle de synthèse finale, sauf les accidents morbides ou mortels (1).

Nous n'avons donc pas à nous préoccuper des

(1) Le philosophe V. Cousin n'a pas manqué de signaler ces phénomènes : « Partout, dit-il, où règne une grande religion, la base d'une philosophie est posée... ne nous lassons point de le répéter, la religion est le fond de toute civilisation ; c'est la religion qui fait les croyances générales... elle contient aussi la philosophie... la religion paraît seule d'abord ; puis de la religion sort la théologie, et de la théologie sort enfin la philosophie, etc... » (*Histoire générale de la philosophie*, p. 35 et 43.)

fluctuations, des agitations, même les plus terribles, de l'École ou de la Société, non plus que du sacrifice de vies individuelles demandé par la vie universelle; ce n'est là que l'œuvre du Destin, une seule pensée mérite nos soins: la réalisation de l'Idéal dont l'Involution a produit le mouvement auquel nous sommes libres d'assentir ou non par l'effort de nos volontés et de l'intelligence.

Mais comment pouvons-nous réaliser l'Idéal ; que pouvons-nous particulièrement à notre époque pour et par l'évolution de l'Idée ?

Pour le comprendre, il suffit de considérer quel moment de l'évolution notre siècle représente. C'est le temps que nous avons vu particulièrement critique, de l'analyse extrême, de l'extrême division, mitigée par une tendance à la fédération. Pour la société, c'est l'enfance de la démocratie, menacée de la maladie démagogique. Pour la pensée publique, c'est le positivisme matérialiste qui menace de la dissolution par l'épicurisme ou le scepticisme.

Cependant, nous semblons avoir franchi déjà le point dangereux de ce cap, car, à l'École comme dans le public, nous tendons en toutes choses vers la synthèse, et c'est en elle qu'est notre salut, avec le but du mouvement que nous traversons.

Nous n'avons donc à nous effrayer ni des menaces d'anarchie sociale ni des sombres désespérances du nihilisme ; ce sont les produits nécessaires de l'obscurité que le destin nous condamne à traverser, souterrains qui nous conduisent, si nous savons les parcourir, aux splendeurs d'une science et d'une organisation sociales inconnues depuis de longs siècles.

Tous nos efforts doivent être portés sur la concentration de nos forces de tous genres ; hors de l'École par l'altruisme ou fraternité, qui consiste pour chacun dans l'oubli de son individualité au profit de l'Universalité ; à l'École, par la synthèse de toutes nos connaissances, l'achèvement dans la région des Principes de l'édifice que nous avons commencé d'asseoir sur la base du positivisme, et pour lequel nous avons amassé un trésor inappréciable de matériaux.

Et comme, selon la belle expression de Charlemagne, « s'il est *mieux de bien faire que de savoir, il faut cependant savoir avant que de faire* » ; comme, en dernière analyse, c'est l'Idée qui mène le monde, il n'est rien qui demande plus d'attention, plus d'efforts de notre part que l'organe social de l'Idée, l'École. Là nous avons à reconstruire, à ressusciter par nos efforts, à ramener vers son foyer d'origine l'unité occultée maintenant, descendue, disséminée dans les ombres du monde sensible.

Là, comme dans le monde, la première condition de ce mouvement laborieux et grandiose, c'est l'oubli de l'individualité pour l'Unité ; par lui seul peuvent se réaliser les deux conditions premières de la science synthétique : l'Union des trois Principes dans la pensée, afin d'éviter l'écueil mortel de la spécialisation, et l'organisation hiérarchique de toutes les forces de l'École, afin que la division du travail seconde la synthèse par la concentration harmonieuse des volontés.

De pareilles conditions sembleront peut-être de pures utopies à ceux qui se laissent impressionner par l'état actuel d'individuation et d'indépendance que nous traversons. En réponse on se bornera à indiquer ici comme première œuvre pratique réalisable spécialement en France, la résurrection, la vivification surtout et l'indépendance de nombreuses *Universités* convenablement distribuées sur notre sol. On peut comprendre à la réflexion combien serait féconde une pareille réforme (1). Mais ce que l'on désigne ici sous le nom d'Université ne devrait pas être simplement la *Faculté* monopolisée sous la tutelle de l'Etat; ce serait une institution aussi indépendante et aussi large que possible, rassemblant dans sa sphère, pour les solidariser, non pour les astreindre, toutes les formes de la pensée : religion, science, art, enseignement et polémique, académies et novateurs, tout ce qui constitue l'Idée pure en dehors de toute réalisation.

Nous avons la ferme confiance qu'une semblable université, établie avec la sagesse nécessaire, produirait bientôt la synthèse scientifique souhaitée ici, et par suite, son efflorescence obligée, la science religieuse (dans l'acception la plus large du mot), ou ésotérisme, qui a toujours été et sera toujours l'organe essentiel du cerveau social.

On a eu occasion de dire dans cet essai ce qui ca-

(1) L'auteur qui, en plusieurs occasions et depuis longtemps a défendu cette thèse, est bien heureux de la voir commencer à entrer dans sa sphère de réalisation sous l'impulsion énergique du Ministre actuel de l'instruction publique.

ractérise l'ésotérisme et l'initié qui le possède. Ce n'est pas la science seulement, ni même l'unité dans la science; c'est le développement complet et harmonieux de l'Être humain dans ses trois essences, physique, intellectuel et moral, développement qui le rapproche, autant qu'il est dans sa nature, de celle des êtres immédiatement supérieurs.

Il y a peu d'années encore, la croyance en un pareil développement pouvait paraître plus qu'une utopie, une assertion niaise ou une imposture, en dépit des preuves historiques les plus éclatantes. Le doute, s'il est permis encore, doit du moins être considérablement ébranlé maintenant par le mode de preuves particulièrement cher au tempérament de notre siècle, les phénomènes de l'hypnotisme et du magnétisme.

En tant que faits, ils sont établis aujourd'hui par des savants de premier ordre, et les expériences les plus rigoureusement scientifiques.

L'interprétation de leurs conséquences par la philosophie n'a pas seulement montré la puissance de la volonté ou les modifications radicales dont la personnalité est susceptible; elle a prouvé surtout, comme l'a fort bien établi le moniste Du Prel, *que les limites de la conscience humaine sont susceptibles d'être reculées bien au delà des bornes que nous sommes accoutumés à lui assigner, au delà, notamment, du monde sensible.* La méthode expérimentale démontre ainsi à nos esprits analytiques étonnés, que les portes de l'Invisible sont ouvertes à l'être humain.

C'est ce qu'ont toujours affirmé les ésotéristes, et comme ils connaissent depuis des siècles, par la pratique, les secrets accessibles à l'homme de ce monde invisible, ils y ajoutent un enseignement fondamental sans lequel l'ésotérisme est complètement méconnu : En ce monde invisible (où règnent des forces colossales parce qu'elles sont cosmiques), nos trois Principes fondamentaux sont en jeu comme sur notre monde où nous les avons constatés partout. L'homme qui pénètre dans l'invisible y rencontre donc les éléments inférieurs aussi bien, et même généralement, beaucoup plutôt que ceux moyens ou supérieurs, de sorte que son ignorance ou ses passions le livrent désarmé aux forces les plus dangereuses pour l'organisme humain, la raison et la vie humaine. Tous ceux qui se sont livrés quelque peu aux observations de phénomènes occultes en ont reçu des preuves assez souvent désagréables ou même dangereuses ; les expériences publiques d'hypnotisme ont elles-mêmes démontré ce danger assez nettement déjà pour que, plusieurs fois, l'autorité ait cru devoir les interdire à la suite de résultats désastreux.

Il peut donc y avoir communication plus ou moins grossière avec l'invisible, mais il n'y aura jamais ésotérisme, initiation, épanouissement conscient de l'intelligence humaine dans le monde des principes sans une science préalable déjà transcendante, et surtout sans une volonté puissante au service d'une moralité presque parfaite.

La haute Initiation est comme la conquête du génie ar la sainteté voulue. C'est au sanctuaire qu'elle

s'obtient ; c'est du sanctuaire qu'elle lance dans le
monde ou ses plus grands Messies, Bouddha, Mahomet, Orphée, Moïse, Christ, ou ses plus grandes doctrines : Vedas, Genèse, Cabbale.

Par l'étude impartiale et approfondie de ces monuments gigantesques de l'intelligence humaine, étude
admirablement préparée par les occultistes modernes
(Fabre d'Olivet, Wronski, Lucas, Saint-Yves...),
l'École peut refaire d'abord sur les bases de nos sciences
les plus positives, la synthèse de toutes nos connaissances, et par sa propre hiérarchie suspendue au sommet suprême de l'Initiation, hâter la hiérarchie harmonieuse et fraternelle de la société, la Synarchie.

FIN

TABLE DES MATIÈRES

PAGES

Préface.   5

PREMIÈRE PARTIE

Les Faits

CHAPITRE PREMIER

CLASSIFICATION DES SYSTÈMES PHILOSOPHIQUES

Clef de cette classification ; les trois principes : Métaphysique, intellectuel et physique. — Divisions et
subdivisions qui en résultent. — Tableau synoptique.   7

CHAPITRE II

HISTOIRE DE LA PHILOSOPHIE CHEZ LES PRINCIPALES NATIONS
MODERNES

Elle se partage partout en trois périodes espacées,
correspondant aux trois principes pris dans leur
ordre descendant. — Les systèmes se suivent dans
un ordre constant. — Preuves par l'étude chronologique des philosophies allemande, française et
anglaise.   19

CHAPITRE III

GÉNÉRALISATION DE LA LOI

Elle s'applique à l'ensemble de l'histoire moderne de la philosophie. — L'époque moderne est elle-même dans l'ère chrétienne la représentation du Principe humain ; elle est précédée du Principe Métaphysique, celui Naturaliste la suit.

L'Ère chrétienne représente le Principe humain, dans l'histoire classique où la même série se reproduit.

Tableau général de l'évolution dans les temps historiques.   63

———

DEUXIÈME PARTIE

Les Conséquences

CHAPITRE IV

INFLUENCE RÉCIPROQUE DE L'ÉCOLE ET DU PUBLIC

Solidarité de l'École et du Monde. — L'École reçoit les impressions de deux parts : le Monde et les Principes supérieurs ; son rôle est de les combiner.

Le Monde reçoit de l'École et réalise les Idées qui sont le fruit de cette élaboration.

L'Idée mène le monde en s'avançant au-devant de chaque pas qu'il fait dans le progrès.   85

CHAPITRE V

L'IDÉE DANS L'ÉCOLE

L'impulsion vient de synthétiques plus ou moins initiés ; le travail se divise ensuite entre les nations selon leurs tempéraments.

Détails du mouvement dans ses diverses phases, confirmant la loi générale.

Conséquences relatives à l'école : génération, périodes d'existence, puissance relative et mort des systèmes. Vitalité et caractère spécial de l'Ésotérisme. 99

CHAPITRE VI

L'IDÉE HORS DE L'ÉCOLE

Le peuple effectue son progrès à l'inverse de l'École, mais à travers les mêmes phases, de bas en haut. — Preuves historiques modernes et anciennes. — Son progrès ascendant favorise le travail évolutif de l'École. 121

TROISIÈME PARTIE

Conclusion

CHAPITRE VII

A L'ÉCOLE, L'ÉVOLUTION EST PRÉCÉDÉE D'INVOLUTION ; C'EST L'INVERSE DANS LE MONDE

Résultats successifs de ce double mouvement considéré dans sa simultanéité — ou phases de la vie totale de l'Idée.

Conséquences générales : les trois facteurs de la vie humaine (Providence, Volonté, Destin). Les trois organes sociaux (Sanctuaire, École, Société). Ensemble et but de la vie individuelle.

Conséquences pratiques immédiates : Notre but

actuel doit être la Synthèse fraternelle dans la société par la Synthèse des principes à l'École.

Le moyen est dans l'organisation libre de l'école.

L'Ésotérisme est son couronnement. Définition plus précise et possibilité de l'Ésotérisme et de l'Initiation 133

FIN

INDEX ALPHABÉTIQUE

Abailard, p. 77.
Adam Smith, p. 55, 68.
Agrippa, p. 100.
Albert le Grand, p. 77, 100.
Alexandre de Halles, p. 76.
Allemagne (philosophie de l'),
 p. 22, 25, 64, 104, 106,
 109, 110.
Altruisme, p. 70.
Analyse (voir Science analy-
 tique).
Angleterre (philosophie de l'),
 p. 24, 54, 64, 67, 104, 106,
 109, 110.
Anselme (Saint), p. 77.
Apollonius de Tyane, p. 75.
Aristote, p. 37, 79, 91, 117,
 122.
Arius, p. 144.
Arnauld, p. 44.
Art (l'), p. 123.

Baader, p. 91.
Bacon, p. 12, 24, 41, 47, 56,
 64, 66, 91, 102.
Bacon (Roger), p. 76, 100.
Baconisme, p. 9, 41, 47, 68,
 102.
Bain, p. 55, 77.
Ballanche, p. 111, 151.
Balmès, p. 62.
Bauer, p. 35, 73.
Baur, p. 35, 73.
Bautain, p. 111.
Bayle, p. 44.
Benjamin Constant, p. 33.

Bentham, p. 55, 57, 68.
Berkley, p. 55, 56, 107, 109.
Biran (voir Maine de).
Bœhm, p. 25, 34, 35, 91,
 100.
Bonald (de), p. 49, 111.
Bonnet, p. 62.
Bordas-Desmoulins, p. 111.
Bossuet, p. 44, 66, 71.
Bruno (Giordano), p. 100.
Buchez, p. 44, 55, 111.
Büchner, p. 22, 30, 64, 73,
 77, 91.
Buffon, p. 43, 68.
Buridan, p. 76, 77.

Cabalistes, p. 18, 73.
Cabanis, p. 46, 48, 68.
Cantu, p. 131.
Cardan, p. 76, 100.
Cartésianisme, p. 20, 41, 44,
 47, 65, 66, 71, 102, 107,
 109.
Classement des systèmes, 18.
Claude Bernard, 66.
Comte, p. 21, 41, 42, 64, 68,
 77, 111, 118.
Condillac, p. 21, 41, 47, 64,
 108, 109.
Condorcet, p. 44, 45.
Constant (Voir Benjamin).
Crookes, p. 66.
Cousin, p. 20, 31, 33, 48, 68,
 108, 109, 160.
Cudworth, p. 60.
Cumberland, p. 55, 56.

Darwinisme, p. 52, 66, 77.
Déisme, p. 13, 18, 45.
Descartes, p. 21, 12, 23, 33, 41, 47, 64, 65, 77, 91, 102, 109.
Desmoulins (voir Bordas).
Destutt de Tracy, p. 46, 48, 68, 108.
Déterminisme, p. 13, 18, 118.
Diderot, p. 45, 67.
Doute, p. 46, 115, 121.
Dun Scott, p. 76, 77, 100.
Dupuis, p. 42.
Dynamisme, 14, 18.

Éclectisme, p. 15, 18, 20, 31, 37, 41, 48, 111, 113, 114.
Écoles philosophiques (vie des) p. 112.
Économistes, p. 14, 18, 68.
Écossaise (philosophie), p. 12, 55, 68.
Encyclopédisme, p. 15, 16, 18, 113, 114.
Encyclopédistes (les), 18, 20, 45, 64, 65, 67.
Enfantin, p. 50.
Épicurisme, p. 79.
Ésotérisme, p. 15, 16, 18, 28, 37, 53, 60, 61, 62, 75, 76, 113, 119, 164.
Espagne (philosophie de l'), p. 61.
Évhémérisme, p. 13, 18, 51.
Expérimentalisme, p. 12, 18.

Fabre d'Olivet, p. 53, 156, 166.
Fatalisme (voir Déterminisme).
Fénelon, p. 66, 71.
Feuerbach, p. 22, 30, 64, 73, 91, 117.
Fichte, p. 27, 90, 117.
Flamel (Nicolas), p. 76.
Fludd, 61, 76, 100.
Foechner, p. 70, 77.

Foi, p. 46, 115, 121, 125.
Fouillée, p. 53.
Fourier, p. 50, 101.
France (philosophie de la), p. 20, 40, 64, 66, 103, 106, 111.
Francs-maçons, p. 72, 101, 123.
Fustel de Coulanges, p. 129.

Gassendi, p. 41, 44, 66, 107, 109.
Gerson, p. 35, 100.
Gioberti, p. 62.
Gœthe, p. 67, 89.
Grecque (Philosophie), p. 79, 80, 81, 91.
Guyon (Mᵐᵉ), p. 53.

Hœckel, p. 30, 66, 73, 77, 91.
Hartmann, p. 39, 40, 64, 102.
Hegel, p. 22, 23, 29, 36, 64, 90.
Helvétius, p. 45, 67.
Herbart, p. 31, 33, 90.
Hobbes, p. 12, 47, 55, 56.
Holbach (d'), p. 67.
Hume, p. 12, 56, 67, 108, 109, 117.
Hutcheson, p. 55, 57.

Idéalisme, p. 12, 18.
Idéologues, p. 46, 48, 68, 108, 109, 117, 118.
Inde (philosophie de l'), p. 79.
Initiation, p. 150, 164.
Italie (philosophie de l'), p. 61.

Jacobi, p. 12, 34, 91.
Jamblique, p. 75.
Jésuites, p. 72.
Jouffroy, p. 48, 68.

Kant, p. 12, 23, 25, 26, 38, 64, 90.
Krause, p. 30.

Lacordaire, p. 49, 111.
Lamennais, p. 44, 49, 111.
Laromiguière, p. 68, 108, 109.
Lavater, p. 34.
Leibniz, p. 22, 25, 26, 31, 33, 107, 109, 115, 119.
Lejay, VI.
Leroux (Pierre), p. 51, 101.
Libre arbitre, p. 23.
Littré, p. 52, 64, 111.
Locke, p. 24, 47, 56, 107, 109.
Lotze, p. 111.
Lucas, p. 167.

Maine de Biran, p. 48, 68, 108, 109.
Malebranche, p. 45, 66, 107, 109, 117, 119.
Maistre (de), p. 44, 49.
Malthus, p. 68.
Marcille Ficin, p. 100.
Martin (Saint), p. 53, 101.
Matérialisme, p. 14, 18, 30, 36, 48, 52, 70, 111.
Mendelsohn, p. 31, 90.
Méthode, p. 11, 114, 128.
— empirique, p. 114.
— ésotérique, p. 34.
— expérimentale, p. 12, 18.
— mystique, p. 12, 18, 114
— scientifique, p. 12, 18, 44, 114.
Mill (John), p. 24, 55, 58, 64.
Mill (Stuart), p. 24, 55, 64, 110
Moleschott, p. 22.
Molinos, p. 53.
Monde (l'idée dans le), p. 122, 129.
Montesquieu, p. 68.
Morale, p. 14, 18.
Mysticisme, p. 12, 18, 34, 75, 118.

Naturalisme, p. 12, 18, 49, 68.

Néocatholicisme, p. 111.
Néopythagorisme, p. 75.
Newton, p. 24, 41, 67.
Noologisme, p. 12, 18.
Normalisme, p. 14, 18.

Ockam, p. 76.
Optimisme, p. 13, 18.
Owen, p. 57.

Panthéisme, p. 16, 18.
Papus, p. 141.
Paracelse, p. 76, 100.
Pascal, p. 44.
Patrizzi, p. 100.
Pessimisme, p. 70, 123.
Philon, p. 75.
Physicisme, p. 49, 121.
Pic de la Mirandole, p. 100.
Platon, p. 37, 79, 91.
Poiret, p. 53, 101.
Positivisme, p. 9, 20, 49, 68.
Price, p. 57.
Principes (Évolution des), p. 8, 18, 39, 42, 43, 45, 46, 49, 54, 55, 63 à 83, 109, 118, 122, 133 à 141.
Progrès (voir Principes), p. 133, 143.
Proudhon, p. 51, 118.
Psychologie, p. 12, 18, 65, 68, 69.
Pyramide (la Grande), p. 153.
Pythagore, p. 37, 78, 119.

Rationalisme, p. 114, 118.
Réalisme, p. 12, 18.
Reid, p. 55, 57, 108, 109.
Religion, p. 14, 18, 73.
Renan, p. 73.
Reynaud, p. 101.
Ricardo, p. 68.
Robin, p. 52, 111.
Rose-croix, p. 18, 34, 101.
Rousseau, p. 44, 45, 67, 87.
Royer-Collard, p. 44, 46, 48.

Scepticisme, p. 16, 18.
Schelling, p. 22, 29, 90.
Schleiermacher, p. 31, 90.
Scholastique, p. 76.
Schopenhauer, p. 22, 39, 40, 91.
Science analytique, p. 12, 18, 47, 50, 115, 121, 126.
Scientisme, p. 12, 18.
Sensualisme, p. 12, 18, 41, 48, 67.
Simon (Saint), p. 20, 44, 49, 50, 64, 111.
Smith (Adam). Voir Adam.
Socialistes, p. 14, 18, 50, 51.
Socrate, p. 79, 114.
Spencer (Herbert), p. 21,52,64, 66, 89, 93, 105, 117, 122.
Spinosa, p. 22, 25, 31, 36, 38, 91, 102.
Spiritisme, p. 123.
Spiritualisme, p. 18, 45, 48, 52, 65, 66, 67.
Stewart (Dugald), p. 55.
Stoïciens, p. 79.
Strauss, p. 35.

Substantialisme, p. 13, 18.
Swedenborg, p. 62, 101.
Synthétisme, p. 18, 50, 52, 66, 91, 100, 113, 115.

Taine, p. 73.
Théisme, p. 13, 18, 45.
Théosophie (voir Esotérisme), p. 18.
Thomas (Saint), p. 76, 100.
Thomisme, p. 18.
Trinité, p. 71.
Turgot, p. 68.

Vacherot, p. 53, 111.
Verbe, p. 30.
Vico, p. 61.
Volney, p. 42, 45.
Voltaire, p. 45, 67, 87, 89.
Whewel, p. 58, 110.
Wronsky, p. 53, 167.
Wundt, p. 70, 91, 111.

Yves (Saint) d'Alveydre, p. 53, 144, 156, 167.

LISTE DES TABLEAUX SYNOPTIQUES

ET DES FIGURES

PAGES

Classement des doctrines philosophiques. 18

Périodes des progrès de la philosophie moderne. 64

Évolution de l'Idée pendant l'Ère chrétienne. 77

Formule ou symbole général de l'Évolution de l'Idée. (figure). 80, 135, 136

Tableau général de l'Évolution de l'Idée dans les temps historiques. 83

Distribution de l'Idée entre les nations modernes. . . . 105

Détails de l'Évolution de l'Idée depuis 1600. 109

Comparaison de l'Évolution de l'Idée à l'École et dans le Monde. 128

Schéma symbolique montrant le double mouvement de l'Évolution (figure). 146

Tableau du mouvement cyclique de l'Idée autour de l'Absolu. 148

Tableau présentant la physiologie du Macrocosme et du Microcosme organisés par l'Idée. 152

La Grande Pyramide d'Égypte comme symbole de l'Évolution de l'Idée et de l'Initiation (figure). 154

TOURS, IMPRIMERIE E. ARRAULT ET Cie, 6, RUE DE LA PRÉFECTURE.

Original en couleur
NF Z 43-120-8

L'INITIATION

Revue philosophique indépendante et synthétique

MENSUELLE

Hypnotisme, Théosophie
Franc-Maçonnerie, Sciences Occultes

DIRECTEUR : PAPUS o. a. ①

Directeur-adjoint : Lucien MAUCHEL

Rédacteur en Chef :	Secrétaires de la Rédaction :
George MONTIÈRE	Ch. BARLET, J. LEJAY

CHAQUE NUMÉRO DE 100 PAGES EST ACCOMPAGNÉ
DE PRIMES FRÉQUENTES

ABONNEMENT :

FRANCE, un an. 10 fr. | ÉTRANGER, — 12 fr.
Le numéro : un franc.

LE VOILE D'ISIS

ORGANE HEBDOMADAIRE
DU GROUPE INDÉPENDANT D'ÉTUDES ÉSOTÉRIQUES

Directeur : PAPUS o. a. ①

Rédacteur en Chef:	Secrétaire de la Rédaction:
Julien LEJAY	Lucien MAUCHEL

Chaque numéro de huit pages contient en feuilleton
la réimpression d'ouvrages rares sur l'Occultisme (1).

ABONNEMENT :

Un an . . . . . . 5 fr. | 2 mois . . . . . . 1 fr.
POUR TOUTE L'UNION POSTALE
Le numéro : 10 centimes.

Envoi d'un numéro spécimen sur demande

(1) Le numéro du 25 février a commencé la publication des *Vers dorés*
de *Pythagore*, de Fabre d'Olivet.

www.ingramcontent.com/pod-product-compliance
Lightning Source LLC
Chambersburg PA
CBHW072039090426
42733CB00032B/2031